Becker • Braunert • Schlenker

D1723286

GRUNDKURS LEHRERHANDBUCH

UNTERNEHMEN DEUTSCH

Ernst Klett Sprachen
Stuttgart

Abkürzungen

DS   Doppelseite
HV   Hörverstehen
KL   die Kursleiterin, der Kursleiter
KT   der/die Kursteilnehmer/in
LV   Leseverstehen
OHP   Overheadprojektor
PA   Partnerarbeit

Bildquellenverzeichnis

Umschlag: Getty Images, PhotoDisc, Hamburg • Ernst Klett Sprachen GmbH, Stuttgart
S. 12: Ernst Klett Sprachen GmbH, Stuttgart • S. 14: Ernst Klett Sprachen GmbH, Stuttgart • S. 15: Ernst Klett Sprachen GmbH, Stuttgart • S. 17: MEV, Augsburg • S. 20: Ernst Klett Sprachen GmbH, Stuttgart • S. 22: Ernst Klett Sprachen GmbH, Stuttgart • S. 26.1-2: MEV, Augsburg • S. 26.3: Ingram Publishing, Tattenhall Chester • S. 28.1: PhotoAlto, Paris • S. 28.2: MEV, Augsburg • S. 28.3: Epson Deutschland GmbH, Meerbusch • S. 28.4: DaimlerChrysler, Stuttgart • S. 28.5: MEV, Augsburg • S. 28.6: MEV, Augsburg • S. 29: Ernst Klett Sprachen GmbH, Stuttgart • S. 40.1: Picture–Alliance (epa afp Cheng), Frankfurt • S. 40.2: Microsoft GmbH, Unterschleissheim • S. 40.3.: UN/DPI Photo, New York, NY 10017 • S. 48.1: Ernst Klett Sprachen GmbH, Stuttgart • S. 48.2: Bananastock RF, Watlington /Oxon • S . 60: Ernst Klett Sprachen GmbH, Stuttgart

Unternehmen Deutsch
Grundkurs Lehrerhandbuch

von Norbert Becker, Jörg Braunert und Wolfram Schlenker

1. Auflage 1   5 4 3 2 | 2009 2008 2007

Alle Drucke dieser Auflage können nebeneinander benutzt werden,
sie sind untereinander unverändert. Die letzte Zahl bezeichnet das Jahr des Druckes.

© Ernst Klett Sprachen GmbH, Stuttgart 2005.
Alle Rechte vorbehalten.

Internet: www.klett-edition-deutsch.de
E-Mail: edition-deutsch@klett.de

Redaktion: Angela Fitz
Herstellung: Katja Schüch
Zeichnungen: Hannes Rall, Stuttgart
Fotos: FotoStudio Leupold, Stuttgart
Satz: Jürgen Rothfuß, Neckarwestheim
Druck: Druckhaus Götz GmbH, Ludwigsburg • Printed in Germany

ISBN 3-12-675742-1

ISBN 3-12-675742-1

9 783126 757423

Inhalt

Zielgruppe und Konzeption von *Unternehmen Deutsch*

Unternehmen Deutsch Grundkurs und *Aufbaukurs* ist die Weiterentwicklung des bewährten Lehrwerks, das bisher nur für die Niveaustufen B1 und B2 des Gemeinsamen europäischen Referenzrahmens zur Verfügung stand.

Unternehmen Deutsch Grundkurs für Anfänger mit geringen Vorkenntnissen deckt A1 und A2 ab, *Unternehmen Deutsch Aufbaukurs* führt über B1 auf die Niveaustufe B2.

Unternehmen Deutsch zielt auf die sprachliche Handlungsfähigkeit im beruflichen Umfeld. Themen, Sprachhandlungen und Rollen decken den Sprachbedarf von Lernern ab, die eine Berufstätigkeit in einem deutschsprachigen Unternehmen ausüben bzw. anstreben oder sich auf die Zusammenarbeit mit deutschsprachigen Geschäftspartnern vorbereiten möchten. Dabei berücksichtigt *Unternehmen Deutsch* auch die sprachliche Handlungsfähigkeit im Umfeld der beruflichen Tätigkeit. Denn es ist eine wesentliche Voraussetzung für eine erfolgreiche berufliche Tätigkeit, auch in Alltag und Freizeit zurechtzukommen. Die in *Unternehmen Deutsch* behandelten Themen, Szenarien sowie Redemittel und Wortschatz beruhen auf langjährigen Erfahrungen mit dem Deutschunterricht für berufliche Zwecke und ausführlichen Untersuchungen im betrieblichen Alltag.

Der Grundkurs auf einen Blick

Die Komponenten von *Unternehmen Deutsch Grundkurs*:

Lehrbuch	Arbeitsbuch	2 Audio-CDs:	Wörterheft	Lehrerhandbuch
192 Seiten	152 Seiten	Hörtexte und Aussprache- übungen je ca. 70 Minuten	64 Seiten	80 Seiten

Das Lehrbuch

10 Kapitel mit je 14 Seiten:
- 1 Auftaktseite
- 5 Unterkapitel auf je einer Doppelseite = 10 Seiten
- 2 *Journalseiten* mit weiterführenden Aufgaben und Lesetexten
- 1 Seite Grammatikübersicht

25 Seiten *Datenblätter* für gelenkte Partnerarbeit

16 Seiten Wortschatzliste: der gesamte vorkommende Wortschatz mit Hinweisen auf das jeweils erste Vorkommen im Lehrbuch

Das Arbeitsbuch

10 Kapitel mit je 12 Seiten:
- 10 Seiten ergänzende Übungen zum Lehrbuch
- 1 Seite *Wortschatzarbeit*
- 1 Seite *Textarbeit*

5 Tests zur Lernfortschrittskontrolle durch KL oder zur Selbstevaluation von KT mit je 2 Seiten:
- je ein Test zu Kapitel 1/2, Kapitel 3/4, Kapitel 5/6, Kapitel 7/8, Kapitel 9/10

19 Seiten Lösungen

Kapitel 1	Kapitel 2	Test 1	Kapitel 3	Kapitel 4	Test 2	Kapitel 5	Kapitel 6	Test 3	Kapitel 7	Kapitel 8	Test 4	Kapitel 9	Kapitel 10	Test 5	Lösungen

Das Wörterheft

enthält den Lernwortschatz von *Unternehmen Deutsch* (im Gegensatz zur Wörterliste im Lehrbuch mit allen vorkommenden Wörtern). Dreispaltiger Aufbau:
- linke Spalte: Nennung des Wortes oder der Wendung, die als Vokabel zu lernen ist
- mittlere Spalte: typischer Kontext
- rechte Spalte: Leerzeilen zum Eintragen der muttersprachlichen Entsprechung oder eines eigenen Kontextes auf Deutsch

Das Lehrerhandbuch

pro Doppelseite im Lehrbuch je 1 Seite mit Tipps für den Unterricht und den Lösungen zu den Aufgaben im Lehrbuch

Transkriptionen der Hörtexte im Lehrbuch

Audios

zwei Audio-CDs mit allen Hörtexten und Ausspracheübungen im Lehrbuch
insgesamt ca. 140 Minuten

Methode

Die rasche Entwicklung der Kommunikations- und Handlungsfähigkeit charakterisiert *Unternehmen Deutsch*. Die Kapitel und Unterkapitel lassen sich deshalb von Sprachhandlungen leiten, die für die berufliche Verwendungsabsicht relevant sind. Interkulturelle Aspekte sind einbezogen, meist implizit (z.B. Verwendung von *du* oder *Sie*?, S. 42/43), oft auch explizit (z.B. *Feiern im Betrieb*, S. 138).

Die berufliche Verwendungsabsicht bedeutet auch, dass die Lerner im Allgemeinen auf schnelle Anwendung der erworbenen Fertigkeiten angewiesen sind. Meist ist es ihnen nicht möglich, vor einem beruflichen Einsatz der neuen Sprache einen langen, intensiven Deutschkurs zu absolvieren. Lernen und Anwenden erfolgen eher parallel. Darauf ist *Unternehmen Deutsch* eingestellt, indem es vom ersten Kapitel an direkt anwendbare sprachliche Mittel bereitstellt und einübt, der Fertigkeit Sprechen großes Gewicht beimisst und in der Progression insgesamt rasch voranschreitet. Diese verhältnismäßig schnelle Progression wird dadurch ermöglicht, dass sich ein Kurs mit *Unternehmen Deutsch* im Vergleich zu einem allgemeinsprachlichen Kurs ohne klar definierte Verwendungsabsicht auf einen engeren Sprachausschnitt konzentrieren kann.

Der Ausschnitt der Formalgrammatik, der im jeweiligen Kapitel präsentiert wird, richtet sich nach den behandelten Sprachhandlungen. Grammatische Kenntnisse werden progressiv aufgebaut, orientieren sich aber immer an der Frage: Was ist notwendig zur Realisierung der jeweiligen Sprachhandlung? Vor allem in den ersten Kapiteln des *Grundkurses* kommen deshalb Strukturen vor, die KT nicht sofort bewusst gemacht werden. Diese Bewusstmachung erfolgt erst dann, wenn die sprachlichen Voraussetzungen dafür geschaffen sind, das betreffende Paradigma sinnvoll zu füllen.

Die Progression in *Unternehmen Deutsch* verläuft nicht linear, sondern **zyklisch** und bietet damit trotz ihrem relativ hohen Tempo die Möglichkeit, nicht nur **Regelwissen**, sondern Schritt für Schritt – durch immer wiederholtes, lebensnahes Üben – **Regelbeherrschung** zu erreichen. Dieses zyklische Vorgehen verfolgt *Unternehmen Deutsch* nicht nur in Hinblick auf die Grammatik, sondern auch in Hinblick auf Themen, Wortschatz und Sprachhandlungen.

Aufbau der Lehrbuch-Kapitel

Auftaktseite mit kurzer Inhaltsangabe und Angabe der Lernziele	Doppelseite 1	Doppelseite 2	Doppelseite 3	Doppelseite 4	Doppelseite 5	Doppelseite 6: Journal mit zusätzlichem Leseangebot	Grammatikübersicht

Der Kern der zehn Kapitel im Lehrbuch sind durchgängig fünf Doppelseiten (d. h. fünf Unterkapitel), die in der didaktischen Planung auf jeweils 90 Minuten (eine Doppelstunde) Unterricht angelegt sind. Die Gültigkeit dieser Planungsannahme hängt in der unterrichtlichen Wirklichkeit jedoch von vielen Faktoren ab. Um nur einige zu nennen: Welche Vorkenntnisse haben KT? Was ist ihre Muttersprache bzw. Verkehrssprache? Was ist ihre Ausgangskultur? Handelt es sich um einen Intensiv- oder einen Extensivkurs? Welche methodischen Erfordernisse der Zielgruppe sind zu berücksichtigen? Welche methodischen Grundsätze haben KL? Inwieweit werden die Übungen im Arbeitsbuch in den Unterricht integriert? Welchen Zeitrahmen widmet man den Datenblättern sowie Journalseiten? Bestehen Möglichkeiten zur häuslichen Nacharbeit, machen KT Hausaufgaben und werden diese im Unterricht kontrolliert?

Die Struktur der Doppelseiten ermöglicht eine methodisch sinnvolle Phasierung eines abwechslungsreichen Unterrichts. Jede Doppelseite führt von einer Aufnahme- über eine Festigungs- zu einer abschließenden Anwendungsphase, je nachdem ergänzt durch eher rezeptionsorientierte Unterrichtsabschnitte.

In der Aufnahmephase geht es um Vorentlastung, Aktivierung sowie Organisation des Vorwissens, Präsentation des neuen sprachlichen Materials, die Semantisierung neuer Wörter und die Bewusstmachung neuer Strukturen. Oft versetzt die Einstiegsübung (also links oben) KT in eine wirklichkeitsnahe Situation, die einerseits auf sprachliches Vorwissen zurückgreift und andererseits die Aufmerksamkeit auf das Lernziel der Doppelseite lenkt. Im Allgemeinen werden Redemittel zur Bewältigung der mündlichen Aufgabenstellung direkt präsentiert oder aus der Auswertung von Hör- oder Lesetexten gewonnen. Anschließend wird die Aufnahme neuer sprachlicher Elemente, die für das Lernziel konstitutiv sind, ausgeweitet und vertieft, außerdem werden neue Strukturen bewusst gemacht. Für die folgende Festigungsphase werden mündliche und schriftliche Übungen angeboten, die vor allem mit dem Arbeitsbuch erweitert werden können. Zur Schnittstelle zwischen Festigungs- und Anwendungsphase gehören Partnerübungen mit den *Datenblättern*. Am Ende der Doppelseite (also rechts unten) wird das Gelernte und Geübte in einer oder mehreren Anwendungsübungen zusammengeführt. Naturgemäß ähneln Situation, Rollen und Sprachmittel oft dem Einstieg, dessen kommunikative Aufgabenstellung jetzt mit erweitertem Vokabular und Regelwissen sowie höherem Beherrschungsgrad bewältigt bzw. in verwandte und ähnliche Situationen übertragen werden kann.

Eingestreut und mit Thema und Wortschatz verknüpft finden sich Lese- und Hörübungen, deren Ziel speziell die Entwicklung der Rezeptionsfähigkeit ist.

Dieser Phasierungsbogen, der durch eine lebendige Doppelstunde trägt, wird pro Kapitel fünf Mal, in zehn Kapiteln also 50 Mal abgearbeitet. Der Unterricht ist damit für KL leicht zu planen und vorzubereiten und methodisch gut zu strukturieren. Für KT ist er überschaubar und motivierend.

Fertigkeiten

Die vier Fertigkeiten Hören, Sprechen, Lesen und Schreiben werden mit *Unternehmen Deutsch* umfassend trainiert. Das angebotene Material gibt die Möglichkeit, dem jeweiligen Kurs oder Lerner angemessene Schwerpunkte zu setzen.

Angesichts der beruflichen Verwendungsabsicht wird in der Tradition von *Unternehmen Deutsch* dem **Sprechen** bzw. **mündlichen Ausdruck** besonderes Gewicht beigemessen. Das zeigen auf den ersten Blick nicht nur die in den gelben Kästen farblich hervorgehobenen sprachlichen Mittel, sondern auch die zahlreichen *Datenblätter*. Da die Zielgruppe von *Unternehmen Deutsch* die neue Sprache in der Regel in einer Umgebung anwenden wird, in der eine zufrieden stellende sprachliche Korrektheit nicht nur der reibungsfreien Informationsübermittlung, sondern auch der sozialen Anerkennung dient, sollte mit Hilfe der vorgegebenen Übungen von Anfang an darauf geachtet werden, dass KT sich möglichst einfach, aber korrekt äußern. Auch eine korrekte Aussprache ist unter diesem Aspekt zu sehen.

Ähnliches gilt für das **Schreiben** bzw. den **Schriftlichen Ausdruck**. Im *Grundkurs* geht es hauptsächlich um einfache, aber beruflich wichtige Textsorten wie Notizen, E-Mails u.Ä., soweit Schreiben nicht als Stützfertigkeit zum Lernen der Sprache eingesetzt wird.

Von den rezeptiven Fertigkeiten wird im *Grundkurs* zunächst das **Hören** mehr trainiert als das **Lesen**. Im weiteren Verlauf des Kurses wird dem Lesen größeres Augenmerk geschenkt. Hören und Lesen werden entsprechend den kommunikativen Anforderungen in der Realität von Beruf und Alltag entwickelt. Was mit einem jeweiligen Text geübt werden soll, ist aus der Aufgabenstellung im Buch leicht zu erkennen. Wir raten davon ab, die Texte ausführlicher zu bearbeiten als vorgesehen. Vor allem im *Grundkurs* ist das festgelegte Lernziel – globales, selektives oder detailliertes Textverständnis – mit dem Grad der Authentizität, dem Umfang des Wortschatzes, den im Text vorkommenden Strukturen und damit dem Schwierigkeitsgrad genau abgestimmt. Außerdem bestimmt natürlich auch die Textsorte selbst und das kommunikative Ziel des Textes, ob global, selektiv oder detailliert rezipiert wird.

Besonders wichtig ist es, KT vor Beginn des Hörens oder Lesens klar zu machen, was das Ziel der Übung ist und was sie dem Text entnehmen sollen. Dies ist den Aufgabenstellungen zu entnehmen, die vor der Übung zu klären sind. Dabei wird auch Vorwissen aktiviert, Wortschatz wiederholt oder neu eingeführt und das Ziel des Interesses am Textinhalt geklärt und vereinheitlicht.

Aus der Aufgabenstellung und der Textsorte ergibt sich auch, wie oft ein Text durchgegangen werden sollte. Bei etwas längeren Hörtexten dürfte das in der Regel zwei oder drei Mal sein: einmal vollständig, ein zweites Mal in Abschnitten und ein drittes Mal bei der Lösungskontrolle.

Wortschatz

Vor allem in der Einstiegsphase wird neuer Wortschatz präsentiert, der im Verlauf der Doppelseite und im entsprechenden Unterkapitel des Arbeitsbuchs umgewälzt und in den folgenden Unterkapiteln und Kapiteln immer wieder aufgegriffen und eingeübt wird. Zum Nachschlagen, zur Klärung und zur Sicherung des Wortschatzes bietet *Unternehmen Deutsch* folgende Instrumente:

- Die **Wörterliste im Anhang** des Lehrbuchs (S. 174–189) beinhaltet den gesamten vorkommenden Wortschatz. Mit ihrer Hilfe können KT überprüfen, ob ein Wort im Kursverlauf schon vorgekommen ist und wo es im Kontext aufzufinden ist. Es gibt Auskunft über Kapitel, Seite und Aufgabennummer des ersten Vorkommens sowie über Genus und Pluralbildung der Nomen. KL muss zu Beginn im Bedarfsfall Hilfestellung geben in Fällen wie zum Beispiel Kapitel 1, S. 10, Aufgabe A1: Wer *sind* ...?, Das *ist* ...→ in der Wörterliste: *sein* K 1, S. 10/A1.
- Das **Wörterheft** dokumentiert den **Lernwortschatz** von *Unternehmen Deutsch*, geordnet nach dem Vorkommen in Kapiteln, Doppelseiten und Aufgaben. Die Verben werden im Infinitiv sowie in der 3. Person Präsens und Perfekt angegeben (nicht im Präteritum, da es im *Grundkurs* nicht behandelt wird). Abweichende Formen werden nach Vorkommen mit Verweis auf den Infinitiv aufgeführt (z.B. *ist → sein*). Der Kontext in der mittleren Spalte ist in der Regel keine Worterklärung. Er dient einer Teilsemantisierung durch die Angabe eines typischen Kontexts und als Lernhilfe: Wörter müssen im Kontext gelernt werden. In die rechte Spalte tragen KT die muttersprachliche Entsprechung ein – falls möglich, ist es noch besser, wenn KT einen eigenen (deutschsprachigen) Kontext eintragen.
- Die zehn Seiten **Wortschatzarbeit im Arbeitsbuch** (jeweils S. 11 der 12-seitigen Arbeitsbuch-Kapitel) bieten Hinweise zum Anlegen einer Lernkartei sowie eines Vokalheftes, zu Techniken zum Erlernen von Wortschatz, zu Verfahren der Worterschließung und der Wortbildung, zur Arbeit mit dem Wörterbuch und zu anderen Mitteln zum Aufbau eines individuellen Wortschatzes. KL sollte diese Seiten aber nicht vollständig der Eigenarbeit der KT überlassen, sondern sollte sie – vor allem in den ersten Kapiteln – mit KT durchsprechen.
- Das **Arbeitsbuch** übt den Wortschatz des Lehrbuchkapitels und den in den vorhergehenden Kapiteln akkumulierten Wortschatz ein. Neuer Wortschatz wird im Arbeitsbuch nicht eingeführt.

Grammatik

Die im jeweiligen Kapitel bzw. Unterkapitel eingeführte Grammatik ergibt sich aus den jeweils behandelten Sprachhandlungen. Wie bereits erwähnt, tauchen immer wieder neue grammatische Erscheinungen zunächst in Texten auf, ohne bewusst gemacht zu werden. Entweder werden sie hier nur rezeptiv erfasst oder in Form von Redemitteln produktiv angewendet. Ihre grammatische Form interessiert noch nicht. Später werden solche grammatischen Phänomene wieder aufgegriffen und bewusst gemacht, wobei *Unternehmen Deutsch* hier **zyklisch** vorgeht. In jedem Fall wird vermieden, dass die Bewusstmachung den kommunikativen Horizont übersteigt. So werden zum Beispiel die Verbformen *möchte, hätte gern, würde gern* in Kapitel 2 und vor allem in Kapitel 4 als Redemittel eingeführt, ohne dass dabei auf den Konjunktiv II eingegangen wird.

Im Mittelteil der meisten Doppelseiten, oft an der Schnittstelle zwischen Aufnahme- und Festigungsphase richten blau hervorgehobene **Grammatikübersichten** die Aufmerksamkeit auf die neuen oder erweiterten Regeln der Grammatik. *Unternehmen Deutsch* geht hierbei induktiv vor:

- Die neuen Phänomene, die vielleicht ohne Bewusstmachung schon früher einmal aufgetaucht sind, werden zunächst − in sprachlichem Material eingebettet − präsentiert, dort von KT als etwas Neues erkannt, dann abgeleitet und bewusst gemacht. Die blauen Grammatikübersichten sind nicht nur Abschluss, sondern oft auch Teil dieses Prozesses. Sie dienen teils der anschaulichen Regelpräsentation, teils fordern sie im Sinne des entdeckenden Lernens zur Vervollständigung des Paradigmas durch KT auf.
- **Die Grammatikseiten am Kapitelende** geben einen Überblick über das grammatische Inventar des Kapitels. Der auf der Grammatikseite präsentierte Grammatikausschnitt ist eng an den kommunikativen Verwendungszusammenhang des Kapitelinhalts angelehnt und auch in der Darstellung noch an den kommunikativen Zwecken orientiert. Dies ist leicht an Überschriften abzulesen wie *Wünsche/Absichten* für die Darstellung von *möchte, hätte gern, würde gern* oder *Bedarf/kein Bedarf* für *(genug) haben / nicht (genug) haben* bzw. *(nicht) brauchen* (S. 64).
  In *Unternehmen Deutsch* findet sich zum Beispiel auch keine Übersicht über die Nebensätze im Deutschen oder über die Modalverben. Vielmehr findet sich etwa in Kapitel 5 eine Darstellung der Modalverben *wollen, müssen, können*, in Kapitel 6 *können/dürfen, müssen, nicht dürfen* mit Hinweisen auf ihre kommunikative Leistung, und schließlich in Kapitel 8 die Formen von *dürfen* und *sollen* in Gegenüberstellung von Präsens und Präteritum. Diese portionsweise Einführung folgt dem beschriebenen Prinzip der zyklischen Progression des Lehrbuchs.

Es empfiehlt es sich deshalb, die Einführung grammatischer Phänomene nicht über den im jeweiligen Kapitel vorgegebenen Umfang auszudehnen. Gegebenenfalls vergewissert sich KL über die zyklische Wiederauf nahme in späteren Kapiteln, um sich klar zu machen, wie viel Bewusstmachung im gegebenen Moment angebracht ist.

Aussprache

Auf fast jeder Doppelseite von *Unternehmen Deutsch* findet sich unter den Übungen in der Festigungsphase eine Ausspracheübung. Was für das Sprechen oben bereits allgemein formuliert wurde, gilt wesentlich auch für die Aussprache. Gesprächspartner leiten nicht nur von der Korrektheit der angewandten Strukturen und des Wortschatzes, sondern vor allem auch von der Aussprache ab, wie gut die Sprachbeherrschung des ausländischen Gegenübers ist. Hinzu kommt, dass Aussprachefehler die Verständigung in höherem Maße behindern als etwa eine fehlerhafte Adjektivdeklination oder Wortstellung. Deshalb kommt den Ausspracheübungen große Bedeutung zu. Es handelt sich im Prinzip um Nachsprech-Übungen, die immer auch auf CD vorliegen. Darüber hinaus ist die Aussprache natürlich ein durchgängiges, übergeordnetes Lernziel.

Die in den Ausspracheübungen von *Unternehmen Deutsch* aufgegriffenen Erscheinungen und das folgende Minimalprogramm können als Richtschnur dienen:

- Länge und Öffnungsgrad der Vokale
- Härte und Behauchung von *p, t, k* im Silbenanlaut: z.B. *P^h eter, T^h oni, K^h arl*
- Härte und Behauchung von *b, d, g* im Silbenauslaut: z.B. *abfahren = ap^h fahren, und = unt^h, wegfahren = weck^h fahren*
- *Knacklaut* im Silbenanlaut: z.B. *be-|antworten, |ein-|üben*
- Wortakzent: Stimmhöhe, Lautstärke, Vokallänge und Vokalöffnung
- sorgfältige Aussprache von Konsonantenhäufungen: z.B. *A**rzt**, Zei**tschr**ift*

Datenblätter

Die bewährte Übungsform der *Datenblätter* in *Unternehmen Deutsch* bietet zahlreiche Möglichkeiten für interessante Wechselspiele in Partnerarbeit. Sie sind integraler Bestandteil des jeweiligen Kapitels, aus praktischen Gründen jedoch in den Anhang des Lehrbuchs verwiesen: Die Partner schlagen unterschiedliche Seiten des Lehrbuchs auf (Seiten 149–160 für Partner A; Seiten 161–173 für Partner B), sodass sie das Blatt des anderen nicht einsehen können.
Gegen Ende der Doppelseite dienen die Datenblätter der mündlichen Einübung der jeweiligen kommunikativen Lernziele. Sprachlich sind diese Wechselspiele manchmal eng, manchmal locker gesteuert, sodass sie sowohl in der Festigungs- als auch in der Anwendungsphase angesiedelt sind. Inhaltlich arbeiten sie mit dem Prinzip der Informationslücke, das durch die Simulation von Sprechsituationen, wie sie in der Realität häufig auftreten, beide Partner veranlasst, durch Fragen und Antworten Informationsdefizite zu beseitigen.

Journalseiten

Die beiden Journalseiten nach jedem Kapitel bieten zusätzliches Material zum Lesen, sie greifen Inhalte des jeweiligen Kapitels auf und erweitern sie. Sie sind jeweils mit einigen einfachen Aufgaben versehen, die KT auch alleine lösen können. Natürlich ist auch eine Einbeziehung in den Unterricht denkbar. Da in den Unterkapiteln wenig Möglichkeiten bestehen, auch einmal längere Lesetexte mit dem Ziel des selektiven oder globalen Verstehens zu präsentieren, finden KL und KT hier je nach Bedarf eine Auswahl an thematisch passenden und schon sehr bald weit gehend authentischen Texten.

Das Arbeitsbuch

Das Arbeitsbuch dient sowohl zur Vertiefung der Arbeit im Unterricht als auch zum Selbstlernen. Welche Übungen KL in den Unterricht einbeziehen will, hängt von den Bedürfnissen der KT und den Rahmenbedingungen des Kurses ab. Die Übungen vertiefen die Lernziele der jeweiligen Kapitel im Lehrbuch, übertragen die im Lehrbuch eingeführten Redemittel in andere Verwendungszusammenhänge und andere Kontexte und trainieren die eingeführte Grammatik.
Die Übungen im Arbeitsbuch beziehen sich eng auf die Aufgaben im Lehrbuch. Das verdeutlichen die Verweise auf die entsprechenden Abschnitte oder Aufgaben im Lehrbuch. Ein Verweis bedeutet: An dieser Stelle passt die betreffende Übung. In jedem Fall ist mit Blick auf die Progression die Arbeitsbuchübung ab diesem Abschnitt einsetzbar. KL kann Arbeitsbuchübungen natürlich auch an anderer Stelle – vor allem auch zu Wiederholungen – einsetzen. Im Arbeitsbuch wird zudem der Wortschatz eingeübt, der im entsprechenden Lehrbuchkapitel vorkommt, und greift früher eingeführten Wortschatz wiederholend auf. Neuer Wortschatz wird im Arbeitsbuch nicht eingeführt. Am Ende jedes Kapitels findet sich eine Seite *Wortschatzarbeit* (jeweils S. 11) und eine Seite *Textarbeit* (jeweils S. 12). Die *Wortschatzarbeit* bietet Hinweise zum Anlegen einer Lernkartei sowie eines Vokalheftes, zu Techniken zum Erlernen von Wortschatz, zu Verfahren der Worterschließung und der Wortbildung, zur Arbeit mit dem Wörterbuch und zu anderen Mitteln zum Aufbau eines individuellen Wortschatzes. Die *Textarbeit* übt, wie man in Form von globalem bzw. selektivem Leseverstehen gezielt Informationen aus einem Schaubild oder einem Text heraussuchen kann, wie man am besten Stichworte sowie Textskizzen zu Texten anfertigen und unbekannten Wortschatz erschließen kann. KL sollte auf die Bearbeitung dieser Seiten nicht verzichten, da hier zentrale Fertigkeiten bewusst gemacht und geübt werden.
Die fünf Zwischentests ermöglichen eine kontinuierliche Leistungskontrolle. Sie orientieren sich im Aufbau am Stoff der beiden vorhergehenden Lehrbuchkapitel. Sie können sowohl unter Prüfungsbedingungen im Unterricht durchgeführt als auch als Hausaufgabe gemacht werden, sie können von KL oder mit Hilfe des Lösungsschlüssels von KT selbst ausgewertet werden. Die Leistungsskala im Arbeitsbuch, S. 152, gibt einen schnellen Überblick über den Leistungsstand.
Der Lösungsschlüssel im Anhang ermöglicht die Kontrolle bei der häuslichen Nacharbeit. Oft wenden KL dagegen ein, dass dann KT die Lösungen abschreiben. Dazu ist zu sagen: Die Übertragung der Lösungen aus dem Schlüssel ist in aller Regel mühsamer als die Erarbeitung der Lösungen. Natürlich kann niemand einen KT daran hindern, sich dieser Mühe zu unterziehen. Aber selbst dieser Umweg ist Gewinn bringend.

Das Wörterheft

Das Wörterheft enthält den Lernwortschatz von *Unternehmen Deutsch* (im Gegensatz zur Wörterliste im Lehrbuch mit allen vorkommenden Wörtern). Es ist in drei Spalten gegliedert:

Linke Spalte:
- Nennung des Wortes oder der Wendung, die als Vokabel zu lernen ist
- mit Angaben zum Genus
- mit Angaben zur Pluralbildung
- mit Angaben zur Bildung der 3. Person Präsens und Perfekt

Mittlere Spalte:
- typischer Kontext

Rechte Spalte:
- Leerzeilen zum Eintrag der muttersprachlichen Entsprechung oder eines eigenen Kontextes auf Deutsch

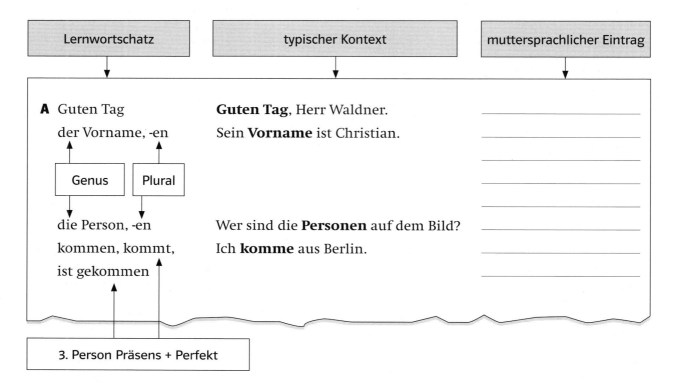

Das Lehrerhandbuch

Zu jedem Kapitel finden Sie im Lehrerhandbuch auf fünf Seiten Tipps für den Unterricht sowie die Lösungen. Dabei bezieht sich immer eine Seite im Lehrerhandbuch auf eine Doppelseite, d.h. auf ein Unterkapitel im Lehrbuch. Auf der jeweiligen Seite finden Sie zu einigen ausgewählten Aufgaben Vorschläge für deren Durchführung sowie exemplarisch Hinweise zu grundlegenden methodischen Fragen, zum Beispiel zur Vermittlung bzw. zum Training der vier Fertigkeiten oder zu den Sozialformen. Zudem stehen auf der jeweiligen Seite die Lösungen zu der passenden Doppelseite.

Im Anhang finden Sie die Transkription der Hörtexte vom Lehrbuch, die im Lehrbuch nicht abgedruckt sind.

Guten Tag!

→ S. 10/11

A1 Zur besseren Veranschaulichung sollte KT das Seminarfoto auf OHP-Folie kopieren und es an die Wand projizieren. Die Frage in Aufgabe **A1**: *Wer sind die Personen auf dem Bild?*, ist außer für Herrn Waldner und Frau Weinberger zunächst nicht beantwortbar. Über die sechs anderen Personen müssten die Lerner Vermutungen anstellen. Falls KL das zu offen ist, kann KL die Übung 1, S. 4, im Arbeitsbuch heranziehen. Damit würde zudem sofort klar werden, dass das Arbeitsbuch integraler und integrierter Bestandteil des Lernprozesses ist. Es ist außerdem als Mittel zum Üben und Vertiefen außerhalb des Unterrichts gedacht und KL kann einzelne Übungen des Arbeitsbuchs als Hausaufgaben stellen. Es wird aber auch – wie in diesem Fall – im Unterricht herangezogen.

Vor der Aufgabe **A2** oder danach fragen KT einander: *Wer ist die Person (auf dem Bild)?*, wobei sie auf die jeweilige Person zeigen, und antworten einander. Dabei sollte ein häufiger Partnerwechsel stattfinden. KL beobachtet das Übungsgeschehen und hält sich mit Eingriffen sehr zurück.

Teilnehmeraktivitäten

Wir haben empfohlen, dass KT einander wechselseitig über die Personalien der abgebildeten Personen befragen und dabei ihre Gesprächspartner rasch wechseln. In dieser Arbeitsempfehlung sind alle Kriterien für eine lebendige, sprechaktive, teilnehmerzentrierte und lernintensive Sprechtätigkeit im Unterricht enthalten:

- Sprechen im Rahmen einer vorgegebenen Kommunikationsaufgabe
- häufiger Partnerwechsel
- KT erheben sich von ihren Plätzen und gehen aufeinander zu.
- KL hält sich mit Eingriffen zurück.
- KL sollte in Kauf nehmen, dass er in dieser Phase nicht alle Redebeiträge hört und dass ihm evtl. Fehler entgehen.

B KT hören die Hörtexte und schreiben die Informationen auf die Stellkarten; die Informationen, die nicht genannt werden, ergänzen KT aus der Erinnerung. In einer stärkeren Lernergruppe kann KL die Bücher schließen lassen, so dass KT nicht in Versuchung kommen, die Informationen aus Aufgabe **A** einfach abzuschreiben.

Im Anschluss schreiben KT ihre eigenen Informationen auf eine Stellkarte. KT gehen nun umher, lesen die Stellkarten der anderen KT und notieren sich die Informationen von ca. drei weiteren KT. Danach stellen KT sich und jeweils einen anderen KT vor.

Wenn KT die Personen auf dem Foto bzw. sich selbst und ihre Kolleginnen und Kollegen vorstellen, entsteht der Bedarf nach einer Einführung bzw. Erläuterung der Verbformen. KL schaltet sie so ein, dass KT beim Vorstellen in **Sprechnot** kommen, so dass realer Bedarf entsteht und dass dieser Bedarf rechtzeitig, aber nicht voreilig befriedigt wird. Danach nehmen KT das Vorstellen anhand der Stellkarten wieder auf, diesmal mit einem stärker Regelbewusstsein als vorher, vielleicht ergänzt durch Übung 5, S. 5, im Arbeitsbuch.

F
E Die Anwendungsübungen in Aufgabe **E** und **F** nehmen in erweiterter und abgesicherter Form die Redeabsicht des Vorstellens und Bekanntmachens aus dem Einstieg in Aufgabe **A** wieder auf. Es gelten im Prinzip die Ausführungen zu den Teilnehmeraktivitäten. Wie schon bei Aufgabe **A** und **B** sollten auch bei **F** KT im Raum umher gehen, damit sie nicht nur ihren Sitznachbarn, sondern auch andere KT vorstellen.

Lösungen

A1   *Lösungsbeispiel:* Das ist Willem de Boor. Er kommt aus Amsterdam in Holland.

A2   1 Schweiz • 2 Christian • Berlin • Deutschland • 3 Anna • Neapel • Italien

B   2 Nicole Bellac • Grenoble, Frankreich • 3 Petra Nowak • Graz, Österreich • 4 Christian Waldner • Berlin, Deutschland • 5 Roberto Prado • Granada, Spanien • 6 Willem de Boor • Amsterdam, Holland

C   1 Prado • Sein • Roberto • Er • Granada • Spanien • 2 Anna/Frau • Ihr • Bellini • Ihr • Anna • Sie • Neapel • Italien

E2   1 aus • in • ihr • Vorname • 2 Frau/Dorothea • kommt aus • Vorname • wohnt

Familie und Beruf

→ **S. 12/13**

A **Der Unterrichtseinstieg** kann ähnlich ausfallen wie auf der DS davor: KT versammeln sich vor der Projektionswand, auf der das Situationsbild zu Aufgabe A1 zu sehen ist, oder sie agieren mit geöffneten Büchern. Auf jeden Fall sollten KT sich von ihren Plätzen erheben; KL ist wieder aufmerksamer Zuhörer, der sich mit Eingriffen zurückhält.

B In einer stärkeren Lernergruppe kann KL über die Aufgabenstellung *Hören Sie das Gespräch und ergänzen Sie.* hinausgehen, indem er KT vor dem Hören die Einsetzaufgaben machen lässt und den Hörtext nur zur Kontrolle heranzieht.

C Die beiden Hörtexte können wiederum – wie in Aufgabe **B** – so durchgenommen werden, dass KT zunächst die Einsetzaufgabe zu Dialog 1 machen und dann den Dialog zur Kontrolle heranziehen. Danach wenden KT dasselbe Verfahren für Dialog 2 an.

D Das Buchstabieren ist an das wechselseitige Vorstellen angebunden, zugleich aber auch eine Aussprecheübung.

Aussprache I

Die Aussprache ist neben der Grammatik (Formenlehre und Wortstellung) und dem Wortschatz ein wichtiger Regelbereich. Die Ausspracheregeln sind allgegenwärtig. Daher kann man die Ausspracheregeln auch nicht in eine Progression gießen. In dem schlichten Satz *Guten Tag!* zum Beispiel sind die meisten Regeln schon enthalten.

In der Aussprecheschulung verzichten wir auf explizite Regeln und konzentrieren uns auf sieben implizite Regeln, deren Beherrschung maßgeblich bestimmt, ob sich KT bei deutschen Gesprächspartnern zuverlässig und mühelos verständlich machen kann. Die impliziten Regeln werden KT durch die insistierende Demonstration und Einübung bewusst. Wir haben sie auf der folgenden Seite zusammengestellt (S. 13, Aussprache II).

E Die Reihenfolge bei dieser Anwendungsübung ist modellhaft:
- andere KT befragen (zu diesem Zweck Platz verlassen)
- Notizen machen
- anhand der Notizen berichten (zusammenhängend, planvoll, verständlich, sprachlich richtig)

Der Bericht kann, aber er muss nicht ans Plenum erfolgen. Sprechintensive Berichtskonstellationen sind: Mehrere KT berichten zusammen/nacheinander einem anderen KT oder KT berichten sich gegenseitig in der Gruppe. Derartige Arbeits- und Berichtstechniken sind besonders für große Lernergruppen empfehlenswert, ja, die ideale Möglichkeit, die Gruppengröße verlustfrei zu verkraften.

Lösungen

A1   7 Studentin 2 Hotelkauffrau 9 Elektriker 1 Marketingmanagerin 8 Bankkaufmann 5 Sekretärin 3 Ingenieur 6 Industriekauffrau 4 Informatiker

B   Sikora • Beruf • Ingenieur • Bankkaufmann • Kinder • verheiratet • habe • in • aus

C   **Dialog 1:** Sekretärin • verheiratet • ein Kind • Dänemark • München
Dialog 2: Studentin • Augsburg • Anna • Italien • verheiratet • ist

Die Gruppe Allianz

→ S. 14/15

A1 Da es auf dieser Stufe für KT nur sehr begrenzt möglich ist, Fragen zu stellen, und es zudem KL auf die Frager-Rolle, KT auf die Antworter-Rolle festlegen würde, ist es sinnvoll, dass KT in wechselnden Zweier- und Dreiergruppen über die Teilnehmerliste sprechen. Das Beispiel in Aufgabe **A1** gibt den Rahmen ab, in dem sie sich bewegen sollten.

A2 Beim Hörtext zu Aufgabe **A2** gilt – wie bei aller Textarbeit – die Regel, dass KT zuerst die Fragen und Aufgaben zur Kenntnis nehmen, die eine oder andere schon mithilfe ihres Weltwissens beantworten, die Richtigkeit dieser Antworten anhand des Textes überprüfen und weitere Antworten aus der Textarbeit (hier: HV) gewinnen.

B Die Antworten sollen sich im weiteren Verlauf nicht auf ein schlichtes *Ja* oder *Nein* reduzieren. Denn es ist für einen Sprachanfänger motivierend und beinhaltet einen wertvollen Trainingseffekt, wenn er nach kurzer Zeit in der Zielsprache schon zusammenhängende Sätze fließend herausbringt.

D **Aussprache II**
Wenn ein Lerner folgende Ausspracheregeln beherrscht, wird er verstanden und wirken seine – wenn auch immer noch von einem Akzent geprägten – Äußerungen bei angemessener Lautstärke und normalem Umgebungsgeräuschpegel ohne angestrengtes Hinhören verständlich:
* lange Vokale geschlossen und kurze Vokale offen aussprechen:
  Der Unterschied zwischen langen-geschlossenen und kurzen-offenen Vokalen ist besonders deutlich, wenn der Wortakzent auf diesem jeweiligen Vokal liegt. Lang sind Vokale, wenn die betonte Silbe auf einem Vokal endet oder in abgeleiteten Formen auf einem Vokal enden kann, z.B.: *Po-len* (Silbe endet auf *o*), *Rom* (abgeleitete Form: *Rö-mer*), *sagt* (grammatische Form: *sa-gen*) (Übungen: S. 11, 29, 39, 41, 55, 83).
* Der *Knacklaut* (glottaler Verschlusslaut) steht am Wort- bzw. Silbenanfang, wenn das Wort mit einem Vokal beginnt, z.B.: ◆*ist*, ◆*Arbeit*, *be*◆*antworten*, *vier*◆*und*◆*achtzig* (Übungen: S. 11, 103).
* Die Konsonanten *p*, *t*, *k* sowie *b*, *d* und *g* im Silbenauslaut und die Konsonanten *p*, *t* und *k* im Silbenanlaut werden hart und stimmlos mit einem nachstürzenden *h* ausgesprochen:
  Silbenauslaut, z.B.: *stopp-te = stopp^h-te*, *kommt = kommt^h*, *Werk = Werk^h*, *leb-te = lep^h-t^{h}e*, *wald-reich = walt^h-reich*, *Hamburg = Hamburk^h*;
  Silbenanlaut, z.B.: *Polen = P^{h}olen*, *Tee = T^{h}ee*, *Kaffee = K^{h}affee* (Übungen: S. 19, 33, 109).
* Die Laute *ch, sch, sp, st* wie in *ich, doch, richtig, schon, Spiel, Stadt* sowie die *s*-Laute *s, ss, ß, z* wie in *Hose, dass, Straße, zehn* müssen klar unterschieden werden. Es Bedarf gezielter Einübung, damit KT sich nicht durch die Schreibung *st-* und *sp-* im Silbenanfang und *-ig* im Silbenauslaut zu Falschaussprachen verleiten lassen bzw. die verschiedenen *s*-Laute unterscheiden können (Übungen: S. 15, 59, 97, 111, 113, 123).
* Konsonantenhäufungen können vom Anfänger verlangsamt gesprochen werden. Auf keinen Fall sollte KT Konsonantenhäufungen durch Auslassungen vereinfachen (Übungen: S. 32, 45).
* Im Deutschen befindet sich der Wortakzent immer auf einem Vokal, wobei der akzentuierte lange Vokal besonders lang-geschlossen gesprochen wird, der akzentuierte kurze Vokal hingegen besonders kurz-offen. Der akzentuierte Vokal wird lauter und höher gesprochen als die anderen Vokale (Übung: S. 125).
* Zahlenangaben ganz allgemein und insbesondere die Zahlen dreizehn bis neunzehn und dreißig bis neunzig sollten überdeutlich artikuliert und unterschieden werden (Übungen: S. 17, 27, 31, 57).

E KT erheben sich von ihren Plätzen und machen Rollenspiele in Anlehnung an die Vorgabe mit rasch wechselnden Partnern.

Lösungen

A2 1 im Hotel Splendide 2 vier Einzelzimmer und zwei Doppelzimmer 3 nein, nicht ganz 4 Theodor 5 Hellen Röder 6 Einzelzimmer: Gäste Nr. 1–4 • Doppelzimmer: Gäste Nr. 5–8 7d

B 2 Willem. 3 Ja, das ist richtig. Acht und drei ist elf. 4 Ja, das ist richtig. Petra Nowak kommt nicht. 5 Dorothea Weinberger ist verheiratet. 6 Ja, das ist richtig. Herr Waldner braucht ein Doppelzimmer. 7 Ja, das ist richtig.

C 2 und 3 aber 4 auch 5 aber 6 und 7 oder

Karten Ausweise, Scheine

→ S. 16/17

 Die Aufgabe **A1** sollten KT in kleinen Arbeitsgruppen machen.

Bei der Aufgabe **A2** machen einzelne KT eine Aussage und die anderen KT notieren sie, so kann zum einen die Aussprache, zum anderen das Hörverständnis der KT kontrolliert und trainiert werden. Diese Übung kann in eine Ausspracheübung übergehen, wobei KT die Zahlen langsam und überdeutlich artikuliert sprechen sollten.

B Erwünscht ist die ausführliche mündliche Antwort im Plenum, z.B.: *Herr Viren sagt: „Ich wohne und arbeite in Tampere.“*

Authentizität oder didaktische Behutsamkeit?

In der Fremdsprache findet man zur authentischen Kommunikationsleistung (planvoll, zusammenhängend, flüssig, verständlich, richtig) nur auf dem Weg der Behutsamkeit. Wer Aussprachemängel systematisch zulässt, wer Grammatikfehler zu stark der Kommunikation zuliebe toleriert, der lässt wesentliche Aspekte der Authentizität unwiederbringlich über Bord gehen. Denn es gibt keinen Weg zurück. Es gibt – vor allem in der Phonetik – einen Weg von **fehlerhaft** zu **noch fehlerhafter**, aber keinen von **fehlerhaft** zu **weniger fehlerhaft**. Es ist legitim und sogar notwendig, dass man einem bestimmten und zeitlich begrenzten Unterrichtsanliegen zuliebe einmal die Richtigkeit der Flüssigkeit oder die Flüssigkeit der Richtigkeit opfert, so wie man bei einer Turnübung mal die Haltung, mal den Absprung, mal die Landung ganz in den Mittelpunkt des Übungsinteresses stellt. Aber immer muss diese vernachlässigende Einseitigkeit zeitnah in einer abschließenden Übung aufgefangen werden, in der die Gewichte wieder stimmen.

Im Anfängerunterricht hilft Folgendes auf dem Weg zur authentischen Leistung:
- didaktisch verlangsamtes Sprechen
- überdeutliches Sprechen
- häufig auftretende Fehler in der Grammatik oder Aussprache sammeln und im Plenum besprechen, auf diese Weise werden KT nicht ständig unterbrochen, aber dennoch korrigiert

Auch hier gilt wieder die Regel von der **Eigendynamik des Schlechteren**. Hastiges und undeutliches Sprechen wird im weiteren Verlauf nie ruhiger und verständlicher, sondern stets noch undeutlicher und noch hastiger. Verlangsamtes Sprechen beschleunigt sich und überdeutliches schleift sich ab, sodass gute Chancen bestehen, dass sich das authentische Mittelmaß von selbst einstellt.

 Für **D3** sollte KL eine Sammlung von Scheinen und Ausweisen vorbereiten.

 Ähnlich wie in Aufgabe **B** ist die ausführliche Äußerung wünschenswert, z.B.: *Herr Lüthi sagt: „Wie geht es Ihnen?“ Herr Viren antwortet: „Sehr, gut, vielen Dank.“*

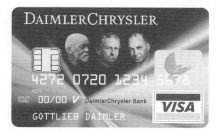

Lösungen

A1 **Der Firmenname:** Terraquadra • **der Titel:** Dipl.-Ing. • **die Privatadresse:** Meisenweg 13A, 50345 Hürth • **der Wohnort:** Hürth • **die Telefonnummer:** (0221)68953-74/(02251)26953 • **die Fax-Nummer:** (0221)69053-33 • **die Vorwahl:** 0221/02251 • **der Vorname:** Bernd • **der Familienname:** Lüthi • **die Geschäftsadresse:** Schwerinstraße 7–11, 50753 Köln • **die Straße:** Schwerinstraße 7–11 / Meisenweg 13A • **die Postleitzahl:** 50753/50345 • **die Internet-Adresse:** b.luethi@terraquadra.de • **die Hausnummer:** 7–11/13A

B 1 Herr Viren 2 Herr Viren 3 Herr Lüthi 4 Herr Lüthi 5 Frau Balzer

D2 2 Besucherschein 3 Firmenausweis 4 Telefonkarte 5 Kreditkarte 6 Speisekarte 7 Eintrittskarte 8 Personalausweis 9 Führerschein

F 1 Sehr, gut, vielen Dank. 2 Ich habe hier ein Seminar. 3 Guten Tag, Herr Lüthi. 4 Guten Tag, Herr Wirner. 5 Oh, Entschuldigung, Herr Viren. 6 Und ich habe einen Termin mit Herrn Lüthi.

Neue Kollegen

→ **S. 18/19**

 In Arbeitsgruppen sollen KT erst einmal herausfinden, was sie den Dialogen 1, 2 und 3 zuweisen können, ohne die Dialoge gehört zu haben. Dann kontrollieren sie ihre Vermutungen beim ersten Hören und erledigen die offen gebliebenen Zuordnungen.

 In Dreiergruppen bereiten KT die Rollenspiele vor, indem sie pro Redebeitrag ein/zwei Stichworte notieren. KL sollte darauf achten, dass KT keinen Volltext schreiben, damit KT das freie Sprechen üben.

Textwiedergabe

Die Textwiedergabe als Zusammenfassung macht den meisten KT – egal auf welcher Stufe – Schwierigkeiten. Meist lösen sie die geforderte und erwartete Kondensierung des Textes so, dass sie einen Volltext mit Auslassungen wiedergeben. In der Tat ist es auch für einen Muttersprachler schwer, sich von einem vorliegenden Volltext zu lösen und das Wesentliche in knappen Worten wiederzugeben.
Wir empfehlen daher folgende Technik:
- das Wesentliche in Stichwörtern festhalten
- den Volltext beiseite legen
- anhand der Stichwörter vortragen

Durch diese Arbeitstechnik werden KT nicht nur zu einer echten Zusammenfassung geführt. Sie finden zudem mit wachsender Sprachbeherrschung zu einer immer freieren Gestaltung und emanzipieren sich allmählich von der jeweiligen Textvorlage.

 Was KT in Aufgabe **A** bereits erprobt haben und was wir als grundsätzliche Vorgehensweise der Textzusammenfassung empfohlen haben, wird hier erneut geübt. KT sollen also ihre Rollenspiele zunächst mit einem Stichwortzettel in der Hand führen. Je nach Stärke der Lernergruppe spielen KT ihre Rollenspiele noch einmal, aber diesmal ganz frei ohne Stichwortzettel.

Lösungen

A1   Dialog 2 • Dialog 1 • Dialog 3
Dialog 1 • Dialog 3 • Dialog 2
Dialog 3 • Dialog 2 • Dialog 1
Dialog 2 • Dialog 1 • Dialog 3
Dialog 3 • Dialog 2 • Dialog 1
Dialog 1 • Dialog 3 • Dialog 2
Dialog 3 • Dialog 2 • Dialog 1
Dialog 3 • Dialog 1 • Dialog 2
Dialog 1 • Dialog 2 • Dialog 3
Dialog 3 • Dialog 2 • Dialog 1

Wie war die Reise?

→ S. 24/25

A Lernziel ist die Äußerung zu einer Reise: Ablauf, Zwischenfälle, Verkehrsmittel. Zum **Einstieg** bietet es sich an, dass KL die KT auffordert, von einer eigenen Reise zu berichten. Dabei ist eine orientierende Vorgabe zur Planung der Rede hilfreich:

wann?	von wo?	wohin	wie?	Probleme?

Wenn es um die Schilderung zurückliegender Ereignisse geht, werden wahrscheinlich die Vergangenheitsformen (Präteritum/Perfekt) vermisst. Das Präteritum von *haben* und *sein* ist hier in äußerst reduzierter Form Lernziel, sollte von KL aber nicht vorweggenommen werden. Ein stichwortartiger Bericht genügt für die Zwecke des Einstiegs, zum Beispiel:

wann	von wo	wohin	wie?	Probleme?
im Mai	von Kopenhagen	nach Berlin	Zug	voll/viele Leute

B KT sollen sich Stichwörter notieren bzw. diese in PA besprechen und dann das Gespräch spielen. Die Präteritumsformen *war/hatte* werden als Vokabeln angetroffen und erst danach systematisch eingeführt.

Die Vergangenheitsformen Präteritum und Perfekt

Die Vergangenheit wird in *Unternehmen Deutsch* in mehreren Schritten eingeführt; hier auf S. 25 nur das Präteritum von *sein* und *haben*. KL sollte darüber nicht hinausgehen, denn dieses grammatische Lernziel durchzieht mit sorgfältigen Dosierungen den ganzen ersten Band:
- S. 73 das Perfekt der Vollverben
- S. 75: das Präteritum von den Modalverben *können, müssen, wollen*
- S. 116: das Präteritum aller Modalverben

Wir gehen in *Unternehmen Deutsch Grundkurs* nicht auf den Unterschied zwischen dem Gebrauch des Präteritums und Perfekts ein, weil diese Verteilung nach unterschiedlichen Parametern erfolgt: Hauptverb, Region, Sprachregister, Textsorte. Wir gehen davon aus, dass Didaktik aus der Fülle der sprachlichen Varianten die repräsentativen lernbar machen sollte. Daher vereinfachen wir in folgender Form die Bandbreite der Verteilungsmöglichkeiten von Präteritums- und Präsensformen:

kommunikative Leistung	Form	
Gegenwart/Zukunft	Präsens	
Vergangenheit	Präteritum	bei *sein* und *haben* bei den Modalverben bei *werden* bei einigen häufigen Verben (z. B. denken, sagen, nehmen, kommen)
	Perfekt	bei allen anderen Verben

E KT sollen erkennen, dass mit zunehmender emotionaler Anteilnahme Folgendes passiert:
- Die langen Tonvokale werden noch länger als üblich, die kurzen noch kürzer.
- Die Erhöhung der Stimmlage und Lautstärke des Tonvokals wird immer markanter.

F2 Am besten stehen KT auf, suchen sich einen Partner, fixieren den Dialog in Stichwörtern und tragen ihn anderen Zweiergruppen oder dem Plenum vor.

Lösungen

A   1 Dialog 4 **2** Dialog 2 **3** Dialog 3 **4** Dialog 1

C   1 bin • ist • war • war • war • 2 war • hatten • Sind

D   2f • 3a • 4h • 5d • 6g • 7b • 8e

F1   Leider hatte der Zug Verspätung • Ja, aber ich hatte eine Reservierung • Kommt Herr Berger auch? • Das freut mich.

Herzlich willkommen!

→ S. 26/27

 A Nachdem KT die Redebeiträge von Frau König – am besten in PA – eingetragen haben, sollten sie den Dialog *sprechen*. Damit ist nicht gemeint, dass KT den Dialog mit verteilten Rollen lesen sollen. Vielmehr kann KL den Dialog in Stichwörtern an die Tafel schreiben oder auf Folie bereithalten, damit KT ihn als Rollenspiel vortragen. Im weiteren Verlauf lässt KL immer mehr Hilfen verschwinden, sodass KT den Dialog schließlich weit gehend frei vortragen können.

Aussprache von Zahlen, Daten, Terminen, Namen etc.
In dem Satz *Sie xxxxxx ein Mineralwasser.* ist es am wahrscheinlichsten, dass *xxxxxx* so etwas bedeutet wie *möchte* oder *trinkt*. Der sprachliche und inhaltslogische Kontext kommt also dem Hörer bei artikulatorisch oder akustisch bedingtem Nichtverständnis zuverlässig zu Hilfe.
Dagegen sind Zahlen, Daten, Namen und dergleichen weit gehend kontextunabhängige Angaben. In dem Satz *Mein Kollege ist xxxxxx Jahre alt* fordert der sprachliche und inhaltslogische Kontext eine Zahl zwischen zwanzig und fünfundsechzig, aber mehr Verständnishilfen bietet er nicht. Deshalb müssen Zahlen, Daten, Termine, Namen etc. für sich selbst sprechen. Daher bieten sich folgende Regeln für die Unterrichtskommunikation an:
- KT sollen Zahlen, Daten, Termine, Namen etc. besonders langsam, übertrieben deutlich und laut sprechen.
- KT sollen Augenkontakt mit ihren Gesprächspartnern halten und bei erkennbarem Bedarf von sich aus die Angabe wiederholen.

KT, die so mit ihren Gesprächspartnern privat oder geschäftlich kommunizieren, werden nicht nur sicher und richtig verstanden, sondern auch als angenehme, planvolle, besonnene Gesprächspartner geschätzt.

B1 Nachdem KT die Lösungen angekreuzt haben, sollten sie das Ergebnis im Volltext vortragen, z. B.: *Frau König hat am Dienstagnachmittag um 13.30 Uhr eine Besichtigung. Frau König geht am Mittwochabend um 19.30 Uhr ins ...*, damit KT bereits die Angabe von Tages- und Uhrzeiten üben.

D Die inhaltliche Wiederaufnahme des Programms von Frau König greift den Wortschatz von Aufgabe **B** auf und hilft so bei der Festigung.

G Die Aufgabe **G** dient der freien Produktion der sprachlichen Mittel, die Lernziel dieser DS sind. Zur Beschleunigung des mündlichen Ausdrucks und zur Intensivierung der sprachlichen Mittel ist zu empfehlen, dass ein KT mit dem gleichen Programmangebot verschiedene Partner anspricht und evtl. ablehnende bzw. zustimmende Antworten erhält.

Lösungen

A aber der Zug war sehr voll • Hier? Oder ist das Ihr Platz? • ein Mineralwasser • mein Programm • freut mich

B1 1 Nachmittag: am Dienstag/Mittwoch 2 Abend: am Mittwoch 3 Nachmittag: am Donnerstag 4 Nachmittag: am Mittwoch 5 Vormittag: am Dienstag 6 Vormittag: am Dienstag

C Am sechsten Juli um elf Uhr dreißig • 8 Uhr • 12 Uhr • Besuch • habe ich eine Besichtigung • ein Praktikum • Am Dienstagnachmittag um 16 Uhr • Mittwochnachmittag

D 1 am neunzehnten August / am Dienstagvormittag um zehn Uhr dreißig 2 am zwanzigsten August / am Mittwochnachmittag um vierzehn Uhr 3 am zwanzigsten August / am Mittwochvormittag um neun Uhr 4 am neunzehnten August / am Dienstagabend um neunzehn Uhr im Hotel Excelsior 5 am einundzwanzigsten August / am Donnerstagnachmittag um fünfzehn Uhr dreißig 6 am einundzwanzigsten August/ am Donnerstagvormittag um elf Uhr

Die Leute sind da!

→ **S. 28/29**

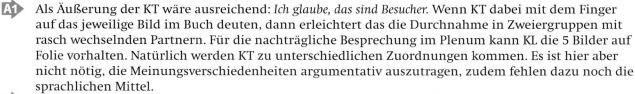

A1 Als Äußerung der KT wäre ausreichend: *Ich glaube, das sind Besucher.* Wenn KT dabei mit dem Finger auf das jeweilige Bild im Buch deuten, dann erleichtert das die Durchnahme in Zweiergruppen mit rasch wechselnden Partnern. Für die nachträgliche Besprechung im Plenum kann KL die 5 Bilder auf Folie vorhalten. Natürlich werden KT zu unterschiedlichen Zuordnungen kommen. Es ist hier aber nicht nötig, die Meinungsverschiedenheiten argumentativ auszutragen, zudem fehlen dazu noch die sprachlichen Mittel.

A2 Die Aufgabe A2 kann man als Argumentationsanregung verstehen und praktizieren.

Vermuten

Sprachlernprozesse verlaufen häufig in den Kategorien von *richtig/falsch*. Tatsächlich brauchen KT zuverlässige Normen, um sprachliche Fehler von guten sprachlichen Leistungen zu unterscheiden. Dies ist unvermeidlich beim Arbeitsbuch, bei allen Arten von Selbstlernen und natürlich bei der häuslichen Nacharbeit des Unterrichts.

Dieses Bedürfnis nach Eindeutigkeit färbt jedoch häufig auf die Inhalte ab, denen ein normativer Geltungsanspruch unterstellt wird. In realen Sprachhandlungen aber ist das *richtig/falsch*-Muster eher die Ausnahme, wenn es um Inhalte geht. Sind die Leute Messebesucher? Ja, vielleicht oder sogar wahrscheinlich. Dafür gibt es Hinweise. Aber evtl. sind sie auch Touristen oder Messepersonal. Eines schließt das andere nicht notwendig aus. Die Hinweise lassen sich mehr oder weniger zwingend in diese oder jene Richtung auslegen. Der eine wird zu diesem, der andere zu jenem Urteil gelangen, ohne dass dieser oder jener Unrecht hat. In der betrieblichen Wirklichkeit ist es genau so: *Richtig/falsch*-Urteile stehen gleichberechtigt und gleich häufig neben – subjektiven und im Einzelfall begründbaren – Bewertungen, Vermutungen, Einschätzungen, Einordnungen.

Beim Einstieg in diese Seite gründen sich die Zuordnungen auf Vermutungen der KT. Die sprachliche Kennzeichnung der Aussage als Vermutung ist noch sehr bescheiden, wird sich aber im weiteren Verlauf der restlichen acht Kapitel differenzieren und entfalten. Die verständliche Frage der KT, was denn nun richtig sei, ist im Lehrbuch eher schädlich und zielt zu kurz, im Arbeitsbuch ist sie berechtigt. Unterrichtliche Diskussionen entzünden sich überwiegend an Vermutungen, Bewertungen, Zweifeln, Widersprüchen, weniger an *richtig/falsch*-Aufgaben.

B Der Hörtext gibt weiterführende Gewissheit, indem er in Aufgabe **B1** die Personen von Aufgabe **A1** präzisiert, in Aufgabe **B2** die entgegengenommene Leistung thematisiert, in Aufgabe **B3** bewertende Äußerungen kategorisiert und in Aufgabe **B4** sprachbezogene Fakten aufführt.

D Aus der Grammatikübersicht sollen KT als grammatische Tatsache lernen, dass es im Deutschen im Singular drei grammatische Genera gibt, die den natürlichen Genera zuwiderlaufen können (z.B. *das Mädchen*) und dass es im Plural nur ein grammatisches Genus gibt, dessen Formenbestand sich im Nominativ und Akkusativ an die Femininformen anlehnt.

Lösungen

A1   *Mögliche Lösung:* **Messestand:** Mitarbeiter • Interessanten • **Firmenbesichtigung:** Kunden • Besucher • Seminarteilnehmer • **Cocktailparty:** Gäste • **Ausstellung:** Touristen • Interessenten • **Führung:** Touristen • Besucher • Interessenten

B1   **Dialog 2:** Gäste • **Dialog 3:** Besucher • Gäste • **Dialog 4:** Besucher • Gäste • Interessenten • **Dialog 5:** Seminarteilnehmer

B2   **Dialog 2:** Prospekte • **Dialog 3:** Essen und Trinken • **Dialog: 4** Informationsmaterial • **Dialog 5:** Seminarunterlagen

B3   **Dialog 1:** Prima! • Das macht nichts. • ... haben wir etwas Verspätung • **Dialog 2:** Super! • Kein Problem. • ... fehlt Frau Haras • **Dialog 3:** Das freut mich! • Das ist nicht schlimm. • ... kommen zwei Herren erst um neun Uhr • **Dialog 4:** Wunderbar! • Okay. • ... hat Frau Kallina nur dreißig Minuten Zeit • **Dialog 5:** Herzlich Willkommen. • Ja, natürlich. • ... ist Herr Ballauf nicht dabei.

B4   2e • 3a • 4b • 5d

Wer sind die Leute?

→ S. 30/31

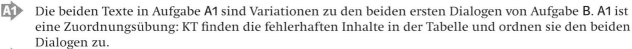 Die beiden Texte in Aufgabe **A1** sind Variationen zu den beiden ersten Dialogen von Aufgabe **B**. **A1** ist eine Zuordnungsübung: KT finden die fehlerhaften Inhalte in der Tabelle und ordnen sie den beiden Dialogen zu.

 Das Rollenspiel in Aufgabe **A2** greift die zentrale Mitteilungsabsicht *Wie lange schon? – Wie lange noch?* auf und entlastet damit zugleich Aufgabe **B**.

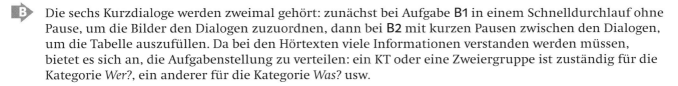 Die sechs Kurzdialoge werden zweimal gehört: zunächst bei Aufgabe **B1** in einem Schnelldurchlauf ohne Pause, um die Bilder den Dialogen zuzuordnen, dann bei **B2** mit kurzen Pausen zwischen den Dialogen, um die Tabelle auszufüllen. Da bei den Hörtexten viele Informationen verstanden werden müssen, bietet es sich an, die Aufgabenstellung zu verteilen: ein KT oder eine Zweiergruppe ist zuständig für die Kategorie *Wer?*, ein anderer für die Kategorie *Was?* usw.

Unterrichtskommunikation

Wenn der Deutschkurs nicht in einem deutschsprachigen Land stattfindet, ist der Unterricht der einzige Ort, an dem KT Deutsch sprechen. Daher sollte KL jede Möglichkeit dazu nutzen, KT zu planvollen, zusammenhängenden, verständlichen und flüssigen Äußerungen hinzuführen.

Bei Aufgabe **B1** werden KT wahrscheinlich eine Tendenz haben, ihre Lösungen in Minimaläußerungen einzukleiden, nach dem Muster: *Bild eins, Dialog drei.* KL sollte sich nicht so sehr unter Zeitdruck setzen, dass er der Zeitersparnis zuliebe dieses Äußerungsmuster zulässt. Die Zuordnung der Bilder zu den Kursdialogen ist kein Ziel in sich, sondern der äußere Aufforderungsrahmen, der KT dazu bringt, die Kurztexte aufmerksam zu hören und sich dazu zu äußern. Darin liegt das Unterrichtsanliegen und nicht in der Zuordnung. KL sollte KT dazu anhalten in ganzen Sätzen zu antworten: *Bild eins passt zu Dialog drei.* Denn aus elliptischen Wortfetzen werden nie zusammenhängende Äußerungen, wohl aber entwickeln sich explizite Volltextäußerungen im weiteren Verlauf zu sprachökonomischen Ellipsen.

 Die deutliche Unterscheidung der Zahlen 13 bis 19 und 30 bis 90 von Aufgabe **D** setzt sich in Aufgabe **E**
 fort, insbesondere in der Arbeit mit den Datenblättern A6/B6 in Aufgabe **E2**.

Einverständnis, Zusage, begründete Absage und zusammenfassende Wiederholung der Vereinbarung sind unverzichtbare Mitteilungsabsichten in der betrieblichen Kommunikation, weshalb sie bereits in Kapitel 2 zum ersten Mal geübt und in den Folgekapiteln immer wieder aufgegriffen werden .

Lösungen

A1   **Dialog 1:** 4 Jahre • 10 Jahre • **Dialog 2:** 3 Jahre • 8 Monate

B1   **Bild 2:** Dialog 6 • **Bild 3:** Dialog: 5 • **Bild 4:** Dialog 2 • **Bild 5:** Dialog 1 • **Bild 6:** Dialog: 4

B2

	Wer?	Was?	Wann?	Wie lange?	Wo?
1	Frau Weinberger	arbeiten	——	4 Jahre / 6 Jahre, insgesamt 10 Jahre	Firma Nova, Zürich/ Winterthur
2	Frau Bellini	Informatik studieren	——	schon 3 Jahre, noch 8 Monate	Augsburg
3	Herr Viren	Seminar	um 9.30 Uhr	——	Raum 6
4	Herr Körber	Reparatur	am Donnerstag	schon 2 Tage, noch 1 Tag	——
5	Herr Waldner	Flug	um 21.05 Uhr	——	Flughafen
6	Herr Prado	Urlaub	im September	3 Wochen	

C   2a • 3e • 4b • 5f • 6d

D1   90 • 60 • 15 • 30 • 80 • 19 • 17

E1   2 Die Besprechung dauert von dreizehn Uhr bis vierzehn Uhr. 3 Der Flug dauert von acht Uhr fünf bis elf Uhr zwanzig.

Kate Carlson beginnt ihr Praktikum

→ S. 32/33

A Lernziel dieser DS ist die räumliche Orientierung im Betrieb mit sehr einfachen Sprachmitteln sowie die Wiederaufnahme der Thematik *Programmplanung* von S. 26/27.

Induktive Grammatikvermittlung

Die **Ortsbestimmungen** gehen mit einer solchen Menge von sehr ähnlich lautenden Artikeln und Präpositionen einher, dass eine ganzheitliche Präsentation KT überfordern und abschrecken muss und jeden wirklichkeitsgetreuen Handlungsrahmen sprengt. Wir steigen daher in die Thematik ein, indem wir KT durch Handhabung einiger sprachlicher Erscheinungen und durch Vertrautmachung mit überschaubaren Teilsystemen heranführen. Dabei achten wir darauf, dass jedes Teilsystem einen realen Gebrauchswert hat. KL braucht hier die Systeme nicht vorauseilend zu liefern. Sie kommen im Laufe der Kapitel Stück für Stück und werden schließlich zu einem Gesamtsystem zusammengeführt (Kapitel 5, S. 66), wiedererkannt und wiederholend eingeübt und angewendet.

Zunächst kommen in der Raumskizze zu Aufgabe A die adverbialen Ortsbestimmungen *vorne, hinten, links* und *rechts* und in der Vorgabe von Aufgabe A die Formen *in der/im* vor. Wenn KT nach der Verteilungsregel fragt, so genügt die Antwort: *Wir sagen: das Büro, also sagen wir: im Büro. Wir sagen: die Konstruktion, also sagen wir: in der Konstruktion.* Je intensiver und lebhafter KT Rollenspiele nach der Vorgabe von **A2** durchführen, umso stärker wird die Regel induktiv erfasst.

B2 Um die Durchnahme zu beschleunigen, können die Aufgaben eins bis sieben einzelnen KT oder Zweiergruppen anvertraut werden. Diese teilen ihre Lösung dem Plenum mit. Auf keinen Fall sollte Aufgabe **B2** etwa aufkommender Zeitnot geopfert werden.

C Da der Text und die Tabelle übereinstimmen, läuft die Übung auf eine Transformation von der Anredeform in die dritte Person Singular hinaus. Bei Aufgabe **C2** sollten KT sich vom Text lösen und nur anhand der Tabelle sprechen. Dazu falten sie am besten S. 33 in der Mitte, sodass sie nur noch die Tabelle vor Augen haben.

E1 Die Aufgabe **E 1** dient dazu, das Satzbaumuster mit einer Orts- oder Zeitergänzung in Position 1 einzuüben.

E2 In einer stärkeren Lernergruppe bietet es sich an, dass KT das Satzbaumuster abdecken, um so frei darüber sprechen zu können, was Frau Carlson wann, wo macht.

F Diese kleine Projektaufgabe können KT in Einzelarbeit oder in PA je nach ihrer Leistungsfähigkeit in enger oder weniger enger Anlehnung an die Vorgaben durchführen. KL sollte dafür gute 20 Minuten einplanen.

Lösungen

B1 2 Das dauert nicht lange. 3 Also, hier vorne rechts sind zwei Büros. 4 Er hat Besuch. 5 Ich weiß also Bescheid. 6 Also, wir besichtigen die Konstruktion. 7 Wir haben nicht viel Zeit.

C1 In der Woche 1. • Frau Carlson kommt erst am Donnerstag in den Vertrieb, nicht schon am Montag. Am Montag bleibt Frau Carlson in der Serviceabteilung, am Dienstagvormittag hat sie eine Präsentation, am Dienstagnachmittag und am Mittwoch ist sie im Labor.

E1

Frau Galb	ist	von Montag bis Mittwoch bei einem Kunden.
Am Montag	sind	Sie bei Herrn Lex.
Am Dienstag von 9 bis 12 Uhr	haben	Sie eine Präsentation.
Am Mittwoch	sind	Sie auch im Labor.
Im Labor	macht	Frau Feinbauer Materialanalysen.
Am Donnerstag	beginnt	Ihr Programm bei Frau Galb.

Meine Familie

→ **S. 38/39**

Mit Aufgabe A und B folgen hier zwei HV-Texte direkt aufeinander. Ihre Funktion ist verschieden:

(A) In Aufgabe A geht es um:
- **selektives Hören** (die Entnahme einiger Einzelinformationen)
- eine erste Präsentation von relevantem Wortschatz
- das Kennenlernen der beiden Bewerberinnen.

(B) In Aufgabe B wird der Wortschatz ausgeweitet, außerdem werden dem Hörtext mehr Informationen entnommen. Sprachlich ist dieser Text deshalb auch etwas einfacher als die beiden Interviewausschnitte in Aufgabe A.

(A) Der **Einstieg** bedient sich hier – wie auch auf anderen DS – der Methode, **Sprechnot** zu erzeugen. Neugierig gemacht durch das Familienfoto rechts möchten KT bestimmte Sachverhalte formulieren, wozu sie aber nicht in der Lage sind, da die entsprechenden sprachlichen Mittel noch nicht zur Verfügung stehen. Die Suche danach dient gleichzeitig der Vorentlastung, da KT aktiv die Wörter zusammensuchen, die in dem betreffenden sprachlichen Bereich benötigt werden und die ihnen schon bekannt sind. Dabei entdecken sie Lücken in ihrem Wortschatz, die sie gerne füllen möchten. KT werden so auf die Aufnahme von neuem sprachlichen Material vorbereitet.
KT betrachten das Familienfoto; wenn möglich kopiert es KL auf OHP-Folie und projiziert es an die Wand. KT sammeln Wortschatz. Mit Hilfe des Situationsfotos links und der Fragen *Wer spricht hier? Wo ist das Gespräch?* leitet KL über zum HV-Text und semantisiert *Bewerbung/Bewerbungsgespräch* und evtl. *Personalleiter(-in)*. Begriffe wie *sich bewerben* sollten vermieden werden.
Beim ersten Hören beantworten KT die Frage 1 und 2, beim zweiten Hören die Fragen 3 und 4.

(B) KT füllen die beiden Schemata an der Tafel oder am OHP aus. Zur vorläufigen Absicherung können KT danach in PA oder im Plenum kurz über die Verwandtschaftsbeziehungen sprechen; eine ausführliche Reproduktion findet in Aufgabe F statt.

(C) Ziel dieser LV-Übung ist **detailliertes Lesen**. Als ersten einfachen Schritt kann KL an der Tafel oder auf OHP-Folie ein Schema wie in Aufgabe B2 vorgeben, in das KT die relevanten Bezeichnungen eintragen. Anschließend tragen KT die fehlenden Begriffe in das Raster rechts vom Text ein. Anhand des Schemas präsentieren KT dann mündlich die Familie der Personalleiterin. Je nach Niveau und Interesse der KT kann KL auch weitere Begriffe einführen, z. B.: *Tante, Schwager ...*
KL leitet zu Aufgabe D über, indem er die Negationen im Text C suchen und unterstreichen lässt.

(F) KL gibt den Anstoß für KT-Aktivität, indem er im ausgefüllten Schema von Aufgabe B2 z.B. auf *Sonja* (OHP-Folie oder Tafel) zeigt und fragt: *Wer ist Sonja?* KT 1 antwortet z.B. *Sie ist die Tochter von Bernd Müller.* KT 1 stellt daraufhin selbst eine entsprechende Frage an KT 2 usw.

Lösungen

A1 1 Frau Müller 2 Frau Maier 3 Familie von Frau Müller 4 geschieden

B1 1 Frau Maier: technische Zeichnerin • Frau Müller: Sekretärin • 2 ja • 3 Tochter von Frau Maier: Lea • Tochter von Frau Müller: Sonja. Ihr Sohn: Erik • 4 Lea: 14 • Sonja: 12 • Erik: 9 • 5 nein • 6 nein

B2 **Schema links:** Erik **Schema rechts:** Großvater • Mutter • Sohn

C der Vater • die Eltern • die Tochter • der Bruder • die Enkelin • die Schwiegereltern • der Schwiegersohn

D 2b • 3e • 4i • 5d • 6a • 7c • 8f • 9j • 10g

E Vater • Großvater • Großmutter • Schwiegertochter • Sohn • Schwiegersohn • Schwager • Schwägerin

Auf einem Seminar

→ S. 40/41

A1 Zum **Einstieg** projiziert KL am besten das Situationsbild an die Wand.

A2 KL liest in Aufgabe **A2** den kleinen Text zu Nummer 3 vor und zeigt zur Semantisierung auf den grünen Rock, die Teetasse und die Zeitung. Anschließend versuchen KT die Zuordnung der beiden verbleibenden Texte, wobei der neue Wortschatz ebenfalls mit Hilfe des Bildes semantisiert wird.

A3 Im weiteren Unterrichtsgespräch werden anhand der Abbildung weitere Farben, Kleidungsstücke usw. semantisiert, sodass KT schließlich mit Hilfe des Materials in Aufgabe **A3** über die verschiedenen Personen sprechen können.

KL sollte diese Übung nicht zu sehr ausweiten, da eine umfangreiche Reproduktionsübung mit Aufgabe **D** und eine freie Anwendung mit Aufgabe **F** folgt.

Ausgehend vom Verb *sprechen* weist KL zuletzt auf die Verben mit Vokaländerung hin und lässt die Grammatikübersicht ausfüllen.

B KT lesen die Aufgabenstellung und die Fragen zum HV; KL semantisiert *finden.* Es wird nach Abschluss der Hörübung **B1** mit Aufgabe **B2** geübt; nach der schriftlichen Lösung der Aufgabe bietet sich eine mündliche Anwendung durch Fragen an KT bzw. Fragen der KT untereinander an.

C KL macht nach Durchführung der Aufgabe **C** darauf aufmerksam, wie lange und kurze Vokale durch die Schreibung markiert werden. Falls KT Wörterbücher benutzen, können sie auch in diesen danach suchen.

E Kurzdialog und Tipp sind ein kleiner landeskundlicher Exkurs zur Frage, wie in Deutschland bei einer Eheschließung Familiennamen festgelegt werden. Nebenbei wird höfliches Sprechen in formellen Situationen geübt. Nach Herstellung des Verständnisses und Reproduktion des Dialogs kann das Thema auch noch auf die Situation in Österreich und der Schweiz bzw. den Heimatländern der KT ausgeweitet werden.

Eine Langfassung des Tipps findet sich auf der rechten Journalseite von Kapitel 3, S. 49.

F Wie immer bei solchen **Anwendungsübungen** sollte KL sich zunächst weitgehend zurückziehen, allenfalls individuell helfen und sich häufig auftretende, typische Fehler notieren. Nach Abschluss der Übung können einige Beispiele vorgetragen und korrigiert werden; KL kann die von ihm notierten Fehler zusammenfassend im Plenum besprechen.

Die Übung kann auch als Ratespiel in Gruppen oder im Plenum durchgeführt werden.

Lösungen

A2 Nummer: 7 • Nummer: 4

Tabelle sehen • spreche, sprechen • liest, lesen • esse, isst

B1 1 zwei Seminarteilnehmer (auf dem Foto vorn) • im Hotel/in der Hotelbar 2 Ja, er kennt sie sehr gut. 3 1,5 Stunden 4 Er findet, Herr Prado spricht sehr viel. 5 aus Spanien 6 aus Holland 7 drei 8 Sie findet, Frau Postleitner sieht nett aus. 9 aus Dresden 10 sehr interessant und sehr lustig

B2 *Mögliche Lösung:* 2 Ich finde die Lehrerin nett. 3 Ich finde das Buch schlecht. 4 Ich finde das Hotel gut. 5 Ich finde den Trainer unfreundlich. 6 Ich finde den Unterricht langweilig.

C1 lie**s**t • **s**e**h**e • **s**ie**h**t

C2 ni**ch**t • is**t** • **H**err • **n**ett

Eine Verabredung

→ **S. 42/43**

A Die Erarbeitung dieser Leseverstehenstexte bewegt sich von globalem Verstehen über selektives Verstehen bis zum Detailverständnis. Entsprechend liegen die angebotenen Texte sprachlich auf dem Niveau der KT.

A1 Als **Einstieg** fragt KL vor dem Lesen – nach einem ersten Blick auf die Seite – um was für Texte es sich handelt und von wem sie an wen geschickt werden. Zur Beantwortung der Fragen 1 bis 3 macht KL eine Zeitvorgabe von ca. drei Minuten, um KT daran zu hindern, genau und langsam zu lesen. Die Zeit sollte lieber zu kurz als zu lang gewählt werden.

A2 Im Anschluss lösen KT rasch Aufgabe **A2** und begründen ihre Antwort.

A3 Anschließend erhalten KT mehr Zeit, um die Fragen von Aufgabe **A3** zu beantworten.
Erst dann werden weitere Fragen zu Details (Datum und Uhrzeit, Wortschatz) und evtl. im Arbeitsbuch Übung 1, S. 34, behandelt.

A4 Die Frage nach dem *du* leitet zum Rest der DS über. An dieser Stelle sollte der Unterschied zwischen der Anrede *Sie* und der Ausrede *du* jedoch nur kurz andiskutiert werden, da das Problem in Aufgabe **C** ausführlich behandelt wird. KL sollte an dieser Stelle vielmehr zu den Verbformen der zweiten Person Singular überleiten: KT suchen und markieren diese in der ersten Mail und tragen sie in die Verbtabelle ein. Anschließend ergänzen KT die restlichen Formen in der Verbtabelle.

C Nachdem die Strukturen der 2. Person bewusst gemacht und trainiert sind, schärft diese Übungssequenz das Bewusstsein dafür, in welchen Situationen und gesellschaftlichen Bereichen *Sie* oder *du* verwendet und voneinander abgegrenzt werden. Hier bietet es sich an, interkulturelle Vergleiche anzustellen.

C1 KT sehen sich die Bilder an und raten, ob in den skizzierten Situationen *Sie* oder *du* verwendet wird. KL bietet noch keine Lösung an und lässt gegensätzliche Aussagen stehen bzw. hält sie zur Klärung nach dem HV in Aufgabe **C2** fest. KL sollte zudem verhindern, dass KT in eine überfordernde Beschreibung der Situationen verfallen.

C2 Während des ersten Hörens ordnen KT die Bilder den Situationen zu. Im Anschluss – evtl. nach einem weiteren Hörvorgang – klären KT, in welchen Situationen *du* bzw. *Sie* gesagt wird. Danach bietet sich ein Unterrichtsgespräch über die möglichen Widersprüche zu den bei **C1** geäußerten Vermutungen an.

C3 Mit der Aufgabe **C3** wird das Unterrichtsgespräch auf weitere Situationen und möglicherweise auf die Formen der 2. Person in den Ausgangssprachen der KT ausgeweitet.

D1 Wurde in Aufgabe **C** vor allem über *du* bzw. *Sie* gesprochen, so wird in Aufgabe **D1** und **D2** durch
D2 gesteuerte Vorgaben der Gebrauch von *du* intensiv geübt.
D3 Die Aufgabe **D3** hingegen dient der freien Produktion. Dazu gehen KT im Unterrichtsraum umher und fragen vor allem nach Dingen, die noch nicht allen bekannt sind. KL hört zu, hilft, korrigiert vorsichtig. Der anschließende Bericht sollte kurz gehalten werden, da er nicht direkt dem Lernziel dient.

Lösungen

A1 1 privat 2 Deutsch 3 mit Christian essen

A2 Antwort 1

A3 2r • 3f • 4f • 5r

A4 Kate und Christian kennen sich privat, sie sind Freunde.

Tabelle bin, bist, sind • hast • schreibe, schreibst, schreibt, schreiben, schreibt • mache, machst, macht, machen, macht • arbeitest, arbeiten • sprichst, spricht, sprecht, sprechen • isst, essen

B 2 Woher kommst du? 3 Wie alt bist du? 4 Was bist du von Beruf? 5 Hast du Kinder? 6 Arbeitest du in Stuttgart?

C1 A Chef + Sekretärin: Sie B Kollegen: Sie oder du C Vater + Kind: du D Freunde: du E Lehrer + Kursteilnehmer: Sie F Polizist + Fahrradfahrer: Sie

C2 2A • 3C • 4B • 5D • 6E

Freizeit und Hobbys

→ **S. 44/45**

Aufgabe A und B sind parallel zu den Aufgaben A und B auf S. 38 aufgebaut und stellen jeweils weitere Ausschnitte aus den betreffenden Gesprächen dar. Personal und Situation sind somit bekannt und müssen nicht weiter vorentlastet werden. Wie auf S. 38 unterscheiden sich die beiden Hörtexte im Schwierigkeitsgrad und Lernziel.

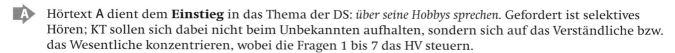 Hörtext A dient dem **Einstieg** in das Thema der DS: *über seine Hobbys sprechen*. Gefordert ist selektives Hören; KT sollen sich dabei nicht beim Unbekannten aufhalten, sondern sich auf das Verständliche bzw. das Wesentliche konzentrieren, wobei die Fragen 1 bis 7 das HV steuern.

Nach Bearbeitung der Aufgabe A kann rasch zu Aufgabe B übergegangen werden. Hörtext B liegt weitgehend auf dem sprachlichen Niveau der KT, da er im Detail verstanden werden soll. Als Variante zum Ablauf im Buch hören KT in stärkeren Lernergruppen den Hörtext bei geschlossenen Büchern und sammeln im Plenum, was Ihnen aufgefallen ist. Anschließend lesen KT die Fragen zu Aufgabe B2, hören gegebenenfalls den Hörtext bei geschlossenen Büchern noch einmal und machen sich beim Hören Notizen. Bei dieser Aufgabe geht es um einen Vergleich des Inhalts der beiden Gespräche: Während Frau Maier gegenüber dem Personalleiter betont, wie gern sie Sport treibt und joggt, um ihre Aktivität und Gesundheit ins rechte Licht zu rücken, äußert sie sich gegenüber der künftigen Kollegin ehrlicher: Sie ist oft müde und findet Joggen *ein bisschen langweilig*. Die Aufgabe B1 kann dann im Anschluss oder als Hausaufgabe gemacht werden.

Im Dialog findet sich das Verb *fernsehen*, obwohl trennbare Verben noch nicht eingeführt sind. Fernsehen als eine der beliebtesten Freizeitbeschäftigungen, durfte aber hier nicht weggelassen werden. **Für eine Sprachhandlung wichtige Strukturen** werden in *Unternehmen Deutsch* den KT auch dann zur Verfügung gestellt, wenn sie im Rahmen der Progression noch nicht sinnvoll bewusst gemacht werden können (trennbare Verben erst in Kapitel 5). Praktisch bedeutet das, dass KL auf die Struktur nicht eingeht, sondern sie idiomatisch behandelt. Im konkreten Fall vermeidet KL den Infinitiv von *fernsehen*, sondern verwendet es nur konjugiert, z.B. *Frau Maier sieht oft fern*.

Zum Thema der DS passt übrigens gut die Seite *Textarbeit* von Kapitel 3 im Arbeitsbuch, S. 41.

Lösungen

A   4 • 5 • 6

B1   2 • 10 • 9 • 5 • 3 • 7 • 1 • 6 • 4 • 11 • 8:

Frau Maier:	Wir sind ja vielleicht bald Kolleginnen: Warum sagen wir nicht *du*?
Frau Müller:	Ja, gern, warum nicht? Ich heiße Helga.
Frau Maier:	Und ich Astrid.
Frau Müller:	Jetzt warten wir aber schon lange! – Was machst du denn am Wochenende immer?
Frau Maier:	Ich zeichne gern.
Frau Müller:	Du zeichnest? Das ist toll.
Frau Maier:	Ja, aber oft bin ich müde. Dann schlafe ich lange, lese Zeitung, sehe fern. Und natürlich kaufe ich ein, putze die Wohnung – du kennst das.
Frau Müller:	Ja, natürlich. Mein Mann joggt immer am Wochenende. Ich jogge manchmal auch, aber es macht mir nicht viel Spaß. Lieber wandere ich oder höre zu Hause Musik.
Frau Maier:	Musik höre ich selten. Aber meine Tochter hört den ganzen Tag Musik, furchtbar.
Frau Müller:	Und treibst du keinen Sport? Du bist so schlank!
Frau Maier:	Ich esse wenig. Ich jogge manchmal, aber nicht oft. Ich finde es ein bisschen langweilig.

B3   nie • selten • manchmal • oft • immer

C1   **Frau Müller:** wandern • Musik hören • **Frau Maier:** zeichnen • Zeitung lesen • fernsehen • lange schlafen

D1   2 Gartenarbeit machen 3 ins Konzert gehen 4 Bücher lesen 5 Musik hören 6 am Computer spielen/ Computerspiele machen 7 Tennis spielen 8 singen

       a5 • b3 • c2 • d7 • e8 • f4 • g6

F   2 (das) Deutsch • der Kurs • 3 das Personal • das Büro • 4 weiß • der Wein

An der Pforte

→ S. 46/47

 KL semantisiert zunächst den Titel der DS nicht, sondern lenkt die Aufmerksamkeit – am besten durch eine Projektion mit dem OHP – auf Besucherschein und Personalausweis; bei Bedarf kann KL auch auf Kapitel 1, S. 17 verweisen. Durch die Frage: *Wo braucht man diese Dokumente?* kann KL dann zu einer Erklärung vom Begriff *Pforte* führen.

Der Familienname der Besucherin ist bewusst gewählt. Er führt im Hörtext von Aufgabe **B** zu einem kleinen Problem. KL kann hier noch offen lassen, wie man den Namen ausspricht.

 Im Anschluss an Aufgabe **A** geht KL schnell über zum Hörtext und Frage **B1**, bei deren Beantwortung KT die Abbildungen in **A** benutzen können.

 Das Problem ist, dass der Pförtner den Namen nicht lesen kann. Grund für seine Ungeduld ist die Hitze, wie er gegen Ende des Gesprächs entschuldigend erklärt. KL kann klärend fragen: *Warum ist der Pförtner unfreundlich?*

KL führt evtl. noch weiter mit der Frage: *Warum ist der Pförtner dann freundlich?* Dies ergibt sich nur implizit: Frau Gorcyzka hat einen Doktortitel, der in Deutschland ja immer noch eine gewisse Rolle spielt.

 Hier handelt es sich um eine aktivierbare Kurzfassung des Dialogs und Voraussetzung für die Aufgabe **C3**.

 Nach S. 33, Aufgabe **C**, wird hier zum zweiten Mal an relativ authentischen Texten **selektives Lesen** trainiert. KT sollen daher **ohne Wörterbuch** arbeiten. Ziel solcher Übungen ist vor allem bei KT, die sich unsicher fühlen und gern alles nachschlagen, die Erkenntnis, dass sie sich mit ihrem Weltwissen, Kenntnis anderer Sprachen und logischem Denken schon jetzt selbstständig in der neuen Sprache bewegen oder zumindest durchschlagen können.

KL sollte erst nach der versuchten Lösung von Aufgabe **D2** bei der **Erschließung** der nötigen Wörter unter *Beruf* und *Produkte* helfen:

Maschinenbauingenieur ↔ *Ingenieur* bekannt, *Maschine* ist ein Internationalismus, *Bau* ignorieren;

Unternehmer ↔ verbunden durch *und* mit *Ingenieur* → also Beruf, auch ableitbar aus *Unternehmen,* z.B. *Unternehmen Deutsch*;

Ottomotor ↔ *Motor* ist ein Internationalismus;

Nähmaschine: Was für eine Maschine das ist, muss hier nicht geklärt werden; wichtig ist ja lediglich, dass Opel zunächst andere Maschinen gebaut hat.

Lösungen

B1 Besucherin, Pförtner • an der Pforte von einer Firma

B2 1a • 2b • 3c • 4b

B3 Der Pförtner kann den Namen nicht lesen und ist unfreundlich. Denn es ist sehr warm.

B4 3P • 6B • 1P • 9P • 4B • 8B • 5P • 7P • 2B:

Pförtner:	Sie wünschen?
Besucherin:	Ich habe einen Termin mit Herrn Dr. Breuer.
Pförtner:	Um wieviel Uhr bitte?
Besucherin:	Um 15.45 Uhr.
Pförtner:	Ah ja. Füllen Sie bitte diesen Besucherschein aus.
Besucherin:	Hier bitte.
Pförtner:	Wie ist Ihr Familienname? Buchstabieren Sie bitte!
Besucherin:	G – o – r – c – y – ...
Pförtner:	Das ist schwierig. Zeigen Sie bitte den Personalausweis.

Tabelle Ich habe einen Termin. • Was steht hier? • Haben Sie einen Ausweis? • Zeigen Sie bitte Ihren Personalausweis.

C1 Zeigen Sie bitte den Personalausweis. • Füllen Sie bitte diesen Besucherschein aus. • Buchstabieren Sie bitte.

D1 Daimler • Opel

D2 Gottlieb, Daimler, 66, Stuttgart-Bad Cannstatt, Maschinenbauingenieur + Unternehmer, Motoren + Autos • Adam, Opel, 58, Rüsselsheim, Maschinenbauingenieur + Unternehmer, Nähmaschinen + Fahrräder

Wir brauchen einen Drucker

→ S. 52/53

Einstiegsübungen

Einstiegsübungen sind oft wie hier dadurch charakterisiert, dass sie von KT eine weitgehend selbstständige Annäherung an die sprachlichen und grammatischen Lernziele fordern. Die Rolle von KL beschränkt sich dabei darauf, KT die Situation zu verdeutlichen, in die sie durch die Übung versetzt werden, und die Teilnehmer-Aktivität anzustoßen. Sie soll möglichst schnell von KT übernommen werden. KT arbeiten dabei am besten mit einem Partner oder in Gruppen zusammen. KL moderiert den weiteren Verlauf, korrigiert zunächst nicht oder nur behutsam, wenn der Ablauf gefährdet ist.

A1 Den notwendigen Anstoß zu Aufgabe **A1** gibt KL am besten mit der Projektion von den Büroartikeln und dem Bestellschein, während die Bücher noch geschlossen sind. KL fragt dabei: *Wie lautet die Bestellnummer für den Bildschirm?* KL oder ein KT trägt die Antwort in den Bestellschein ein. Dann fragt KL: *Was hat die Bestellnummer AM 71424?* Wiederum wird das Ergebnis in den Bestellschein eingetragen. Alles andere erklärt sich von selbst; KL kann sich zurückziehen, KT übernehmen. Falls Fragen nach den Preisen kommen, muss KL deren Erklärung verschieben (Bildung drei- oder vierstelliger Zahlen: S. 56/57); diese – nämlich die mehrstelligen Zahlen – sind für die Lösung der Aufgabe nicht notwendig.

A2 KL sollte das Lernziel **nicht** über den Rahmen der vorgegeben Redemuster **ausweiten**: Frage nach dem Bedarf, Nennung des Bedarfs.

Hier und an anderer Stelle ist diese **schrittweise Annäherung an die Lernziele** wichtig; damit sich der Unterricht nicht in langen Erläuterungen verliert und dadurch die Teilnehmeraktivitäten eingeschränkt werden. Das würde dem Ziel eines **lernerzentrierten Unterrichts** widersprechen, schnell zu selbstständiger Tätigkeit der KT überzugehen. Die dialogische Übung wird wie in Aufgabe **A1** wiederum durch Vormachen, nicht durch Erklärung des Übungsablaufs angestoßen. KL fragt: *Was brauchen Sie?* KT 1 antwortet: *Ich brauche eine Lampe.* Und fragt KT 2: *Und Sie?* KT 3 antwortet: *Ich brauche ein Faxgerät.* Und fragt KT 4: *Und Sie?* KT 4 antwortet: *Ich brauche ein ...* Im Anschluss schlägt KL vor: *Ich bestelle ein ...* KT übernehmen, KL kann sich zurückziehen und moderiert zurückhaltend bei Stockungen im Ablauf.

D2 Der Charakter der **Anwendungsübungen** am Ende der DS und damit das methodische Vorgehen gleicht den Einstiegsübungen. KT sollen hier die Möglichkeit erhalten, selbstständig die Lernziele der DS zusammenfassend aufzugreifen. Auch hier beschränkt sich die Rolle von KL darauf, KT die Situation zu verdeutlichen, in die sie durch die Übung versetzt werden, und die Teilnehmer-Aktivität anzustoßen.

Lösungen

B1 **Dialog 1:** Faxgerät • Faxgerät • **Dialog 2:** Kopierpapier • Kopierpapier • **Dialog 3:** Bürostühle • Bürostühle

D1 *Mögliche Lösung:* eine Rolle Klebeband • zwei Ordner / Ordner: zwei Stück • 500 Gramm Kaffee • ein Paket Briefumschläge • 15 Pack Papier zu 500 Blatt • zehn Meter Kabel • ein Pack CDs • 20 Kugelschreiber / Kugelschreiber: 20 Stück • ein Paket Disketten zu 10 Stück • zwei Bildschirme • zwei Druckerpatronen

Ich möchte einen Wagen mieten

→ **S. 54/55**

A Die DS ergänzt das übergreifende Lernziel des Kapitels um die im privaten und beruflichen Gespräch üblichen Redemittel *möchte, hätte gern, würde gern*. Einleitend deuten KT die Situationen auf den Abbildungen 1 bis 6. Abbildungen 1, 3 und 4 sind eher eindeutig, wobei die Abbildungen 1 und 4 zusätzlich durch die Dialoge in Aufgabe A3 erklärt werden. Abbildung 2 wird durch den Hörtext in Aufgabe A2 geklärt. Abbildungen 5 und 6 sind eher unspezifisch, um KT zu eigenen Deutungen zu motivieren.
Wie die sachliche Klärung erfolgt auch die Einführung der notwendigen Sprachmittel in Schritten. Aufgabe A1 ist mit Hilfe des bereits eingeführten *brauchen* lösbar, evtl. auch mit *möchte*, das in Kapitel 2, S. 28, bereits als Redemittel aufgetaucht ist. Die Aufgabe A2 greift *möchte* wieder auf. Das gesamte Inventar der oben genannten Redemittel präsentieren die beiden Dialoge in Aufgabe A3.

B Aufgabe B fordert die aktive Anwendung, gestützt durch Übungen im Arbeitsbuch und durch die Verbtabelle, S. 55 oben.
Die genannten Sprachmittel sollte KL als Vokabeln einführen, die Wünsche (→ *Bedarf*) ausdrücken. KL sollte dabei unbedingt Exkurse ins Thema Konjunktiv II vermeiden. Die Darstellung von *möchte* als Konjunktivform von *mögen* (*ich mag, du magst, …*) wäre irreführend, da es sich nicht um bedeutungsgleiche Wörter handelt. Das gilt auch für die Bedeutung der Wendungen *hätte gern / würde gern*. Der Konjunktiv II wird erst in *Unternehmen Deutsch Aufbaukurs* thematisiert.

C Satzklammer
Neben der Konjugation wird in der Verbtabelle, S. 55 oben, auch auf die syntaktischen Konsequenzen von *möchte, hätte gern und würde gern* hingewiesen. Sie werden in Aufgabe C bewusst gemacht und geübt. Dazu dient vor allem auch das Raster zur Verdeutlichung der grundlegenden Merkmale der Wortstellung im Hauptsatz, die im Begriff *Satzklammer* zusammengefasst werden:
- Ein beliebiger nicht verbaler Satzteil besetzt **Position 1**.
- Das konjugierte (finite) Verb besetzt **Position 2**.
- Der infinite Verb(teil) (einschließlich einer trennbaren Vorsilbe) besetzt die Position am **Satzende**.
- Zwischen finitem und infinitem Verb(teil) steht „der Rest".

Diese Darstellung wird im Weiteren durchgängig als Regelfall der Wortstellung im Hauptsatz benutzt. Sie deckt alle Fälle ab und lässt sich wie folgt veranschaulichen:

	Position 1	Verb (konj.)	...	inf. Verb(teil)
Präsens/Präteritum Aktiv:		Verb		–
Perfekt/Plusquamperfekt:		haben/sein		Partizip
Modalverb:		Modalverb		Infinitiv
Verben mit trennbarer Vorsilbe:		Verb		trennbare Vorsilbe
Futur:		werden		Infinitiv
Passiv:		werden		Partizip

Lösungen

A1 **Bild 1:** auf dem Bahnhof • Auskunft, Fahrkarte • **Bild 2:** am Besucherempfang • einen Termin • **Bild 3:** im Büro • Herrn Wagner einladen, einen Konferenzraum, Mineralwasser • **Bild 4:** Autovermietung • Auto • **Bild 5:** am Bankschalter / Geld, Beratung • **Bild 6:** im Büro • hat eine Frage, sucht jemanden

A2 1 Bild 2 2 am Besucherempfang 3 Herrn Michael Kallmann 4 im Marketing

A3 **Dialog 1:** auf dem Bahnhof, eine Auskunft • **Dialog 2:** bei der Autovermietung, einen Wagen

B *Als Beispiel:* 1 ▶ Sie wünschen bitte? ▶ Ich hätte gern eine Fahrkarte nach München. ▶ Und wann möchten Sie nach München fahren? ▶ Ich möchte gern um 7.00 Uhr fahren. ▶ Ja das geht. Abfahrt um 7.12, Ankunft um 10.32 Uhr. Hier, bitte sehr. ▶ Vielen Dank.

C 2e • 3a • 4b • 5d

Wie viele Geräte	möchten	Sie	bestellen?
Ich	möchte	einen Kaffee	trinken.
Entschuldigung, ich	hätte	gern eine Auskunft.	
	Möchten	Sie noch etwas	trinken?

D 2k • 3l • 4l • 5k • 6l • 7l • 8l • 9k • 10k • 11k • 12l

Das Angebot
→ S. 56/57

 Ausgangspunkt der Spracharbeit dieser DS ist die Frage *Welch- ...?*. Mit dieser Frage können wir aus Gegenständen oder Einzelwesen einer gegebenen Menge und gleicher Art auswählen – also zum Beispiel aus zwei Kopiergeräten, zwei Notebooks oder zwei Kameras.

Manche Lehrbücher stellen *Welch-* direkt der Frage mit *Was für ein-* gegenüber. *Unternehmen Deutsch* zieht eine schrittweise Einführung vor. Während *Welch-* die Sache betont, betont *Was für ein-* deren Eigenschaft bzw. Beschaffenheit, das Attribut steht im Vordergrund:

▷ Welche Kamera?   ▶ **Die** billige (Kamera). / **Diese**.

▷ Was für eine Kamera?   ▶ **Eine** billige (Kamera).

Welch- korrespondiert also mit dem bestimmten Artikel oder dem formgleichen Demonstrativpronomen – alle Verwendungen kommen hier ohne Bewusstmachung vor. *Was für ein-* korrespondiert mit dem unbestimmten Artikel und wird in Kapitel 6, S. 88, folgerichtig in Zusammenhang mit der Adjektivdeklination eingeführt. Auch *welch-* als Indefinitpronomen im Plural (z. B. ▶ Haben Sie Stühle? ▶ Ja, wir haben *welche*. – vgl. Kapitel 7, S. 98) wird an dieser Stelle ausgeklammert.

A1 Die bildliche Präsentation wie in Aufgabe A1 ist gerade zur Verdeutlichung des hinweisenden Charakters von *den/die/das* unverzichtbar. Am besten versammeln sich KT bei geschlossenen Büchern vor der Projektion der Kaufangebote, um ihre Auswahl mithilfe der angebotenen Redemittel zu treffen und dabei – auch übertrieben deutlich – auf den gewählten Gegenstand zu zeigen und anschließend in Aufgabe A2 zu berichten.

B2 In gleicher Weise wirklichkeitsnah – wie in Aufgabe A – kann Aufgabe B2 durch Bereitstellung von Abbildungen oder Realien im Unterrichtsraum gestaltet und der Wortschatz über die Angebote im Lehrbuch hinaus entsprechend den Teilnehmerbedürfnissen erweitert werden.

Die Hinweise zur Formenbildung, S. 56 unten – Adjektivdeklination nach dem bestimmten Artikel und das Demonstrativpronomen *dies-* im Akkusativ – zeigen die schrittweise, am kommunikativen Bedarf orientierte Einführung der Grammatik in *Unternehmen Deutsch*. Der hier präsentierte Umfang ist einerseits unverzichtbar für die oben beschriebene Mitteilungsintention. Eine zügige und progressionsgerechte Durchnahme verbietet es andererseits, über dieses Inventar hinauszugehen und z.B. in die gesamte Adjektivdeklination einzusteigen, das geschieht erst in Kapitel 6.

D Um diese Aufgabe realitätsnah zu gestalten, sollte KL Kataloge für Bürobedarf von einschlägigen Versandhäusern bereithalten (Internet-Adressen für Büroartikel auf S. 62).

Lösungen

B1   1 den zu 370,40 Euro 2 schön groß

C2   2m • 3a • 4b • 5g • 6i • 7n • 8d • 9f • 10l • 11k • 12j • 13h • 14e • 15o

Im Tagungshotel

→ **S. 58/59**

Auf den meisten DS in *Unternehmen Deutsch* findet sich eine Übung zur **Aussprache bzw. Phonetik**.
Sie befindet sich immer im Mittelteil der DS, im Festigungsteil zwischen Einstiegsübung oben links
und Anwendungsübung unten rechts. Im Festigungsteil wird das kommunikative Lernziel, das in der
Einstiegsübung präsentiert wird, in seine Einzelteile zerlegt und eingeübt: die Syntax auf der Satzebene,
Formen und Wortschatz auf der Wortebene und auf der Lautebene die Phonetik. Wie Morphologie und
Syntax ist auch die Phonetik Teil des sprachlichen Regelsystems.
Die Aussprache im Allgemeinen und die Ausspracheübungen im Besonderen müssen gerade im
Grundkurs mit großer Sorgfalt behandelt werden. Es ist sehr schwer, einmal eingeschliffene Fehler und
Nachlässigkeiten zu einem späteren Zeitpunkt rückgängig zu machen.

Um das Vorwissen zu mobilisieren, lösen KT die Aufgabenstellung nach ihrem Kenntnisstand.
Zur Harmonisierung ihrer Vorannahmen sprechen sich KT die Wörter vor (evtl. in Gruppen- oder
Partnerarbeit). KL achtet dabei auf eine saubere Artikulation des Lauts *z*, indem er die Lautbestandteile
t und *s* verdeutlicht und sie übertrieben getrennt, langsam und deutlich sprechen lässt. Im Anschluss
überprüfen KT ihre Vorannahmen anhand der Tonaufnahme und sprechen die Sätze nach. KL sichert das
Ergebnis, wobei gegebenenfalls die Tonaufnahme wiederholt wird.
Dieses Vorgehen gilt entsprechend auch an anderer Stelle.

Darüber hinaus sollte KL im gesamten Unterricht auf einer sorgfältigen Aussprache bestehen. Ein
praktisches Kriterium für eine akzeptable Aussprache ist, ob eine Aussage bei den anderen KT (und nicht
nur bei KL) angekommen ist. Das ist übrigens auch die grundlegende Voraussetzung für ein wirkliches
– und nicht nur vorgebliches – Unterrichtsgespräch.

Lösungen

A1 1a • 2a • 3b • 4b

A2 Person G sagt: „Möchten Sie auch einen Kaffee?" • Person E sagt: „Gibt es auch Müsli?" •
Person B sagt: „Nimmst du auch ein Ei?"

A3 *Mögliche Lösung:* Person G sagt *Sie*, weil er Person H nicht so gut kennt, es sind beide
Seminarteilnehmer. • Person E sagt *Sie*, weil sie mit der Kellnerin spricht (= Person D). •
Person B sagt *du*, weil sie Person A wohl gut kennt. (In Deutschland duzen sich
Seminarteilnehmer öfters nach einiger Zeit.)

C1 **Angebote für Absichten:** Tagungen • Seminare • Erholung • Freizeit • **Angebote für
Personen:** Einzelreisende • Familien

C2

————	Möchten	Sie ein Auto	mieten?
Ich	möchte	einen Platz	reservieren.
Ich	möchte	Papier	bestellen.
————	Möchten	Sie einen Drucker	kaufen?
Die Sekretärin	würde	gern einen Termin	machen.

Die Dienstreise

→ **S. 60/61**

Die letzte DS übernimmt hier in mehrfacher Hinsicht den Kapitelabschluss:
Die auf den vorhergehenden Doppelseiten schrittweise eingeführten Sprachhandlungen werden zusammengeführt.

- Es werden nicht mehr in demselben Umfang wie auf den vorangegangenen Doppelseiten neue Redemittel eingeführt. Das Äußerungsmuster in Aufgabe A2 greift die im Kapitel eingeführten Redemittel auf und erweitert sie geringfügig um die Differenzierung von *noch/nicht genug haben* gegenüber *noch/kein- haben* und verlangt im Vergleich zu den vorhergehenden Doppelseiten eine längere, zusammenhängende Äußerung.
- Es wird hier keine neue Grammatik eingeführt. Im Vordergrund steht die Anwendung der bisher eingeführten Strukturen.
- Die im Kapitel eingeführten Sprachhandlungen werden auf andere Kontaktsituationen bzw. Handlungsfelder übertragen. Der Schwerpunkt *Bürobedarf* auf den vorhergehenden Seiten wird wieder aufgenommen und um die Themen *Zimmerreservierung* (Aufgabe D, vorbereitet auf S. 59), *Lebensmitteleinkauf* (Aufgabe E, vorbereitet auf S. 58) und *Bedarf an Kleidungsstücken | Einkauf im Bekleidungsgeschäft* (Aufgaben A, B, C, E, vorbereitet in Kapitel 3) erweitert. Neuer Wortschatz wird nur eingeführt, soweit es diese thematische Erweiterung erfordert.

Zusammenfassend lässt sich also sagen: Die DS 60/61 und die letzte DS in anderen Kapiteln ist der Anwendung der vier vorangegangenen Doppelseiten gewidmet. Schematisch lässt sich das Verhältnis von Einführung und Anwendung neuer Themen, Sprachhandlungen, Wörter und Strukturen im Gesamtkapitel wie folgt darstellen:

DS 1	DS 2	DS 3	DS 4	DS 5
Einführen	Einführen	Einführen	Einführen	Einführen
Anwenden	Anwenden	Anwenden	Anwenden	Anwenden

Der Charakter dieser abschließenden DS eröffnet verschiedene Möglichkeiten:

- Abarbeiten der Aufgaben A bis E in der üblichen Reihenfolge.
- Aufteilung des Kurses in Interessengruppen: Wer möchte den Bedarf an Kleidern feststellen und einkaufen? Wer möchte den Einkauf im Supermarkt vorbereiten? Wer möchte eine Reise organisieren? Wer möchte Büromöbel, -maschinen, -material bestellen?
- Eine Mischung aus beiden Verfahren, also zum Beispiel: Gemeinsam machen alle KT Einstiegsaufgabe A und HV-Aufgabe C, danach teilt sich der Kurs in Projektgruppen ein.
- In jedem Fall ist eine **projektartige Arbeitsweise** angeraten: Bedarf feststellen, Bestellschein ausfüllen bzw. Einkaufszettel schreiben, Planungs- und Kaufgespräch führen, …

Lösungen

C1   2f • 3r • 4f • 5r

C2   hellen Sommeranzug • dunkelblauen Pullover • dunkle Jackett • graue Hose • Sporthose • Sportschuhe

D   *Mögliche Lösung:*
Sehr geehrte Damen und Herren,
Ich möchte ein Doppelzimmer zum Preis von 100,- EUR für mich und meine Frau reservieren. Wir bleiben von Freitag bis Montag. Wir kommen am Freitag um 16.00 Uhr.
Mit freundlichen Grüßen …

IM BÜRO UND UNTERWEGS

Das Praktikantenbüro

→ S. 66/67

A Zum **Einstieg** projiziert KL das Bild vom Tisch an die Wand; KT lesen den Text und KL markiert auf Zuruf wo *unter* und wo *auf* ist. Danach macht je ein KT an seinem Platz Ordnung bzw. Unordnung. Die anderen sagen, ob an dem Platz Ordnung bzw. Unordnung herrscht, und geben als Begründung für ihre Einschätzung an, wo was ist/liegt/steht.

B Nachdem in Aufgabe **B1** das Verb *hängen* eingeführt wurde, wird die Grammatikübersicht durchgenommen und auf **B2** angewendet.

Orts- und Richtungsbestimmungen

Die Orts- und Richtungsbestimmungen sind ein umfangreiches Kapitel im Deutschunterricht. Es erstreckt sich auf die Artikel, auf die Präpositionen und auf die Verben. Für *Unternehmen Deutsch* haben wir uns zu einer schrittweisen Einführung mit jeweils eigenständigem Gebrauchswert nach folgendem Schema entschlossen:

Kapitel 1, S. 10/11, S. 16/17	wo wohnen? wo arbeiten? woher kommen?	– in (Stadt/Land) – bei (Firma) – aus (Stadt/Land)	produktiv
Kapitel 2, S. 32/33	wo sein?	– hinten/vorne/rechts/links – in der/im – bei (Person)	produktiv rezeptiv
Kapitel 4, S. 54/55	wohin fahren? von wo fahren?	– nach (Stadt/Land) – von (Stadt/Land)	produktiv
Kapitel 5, S. 66/67, S. 70/71	wo liegen/stehen/ hängen/sitzen?	– (da)hinten/(da) vorne – rechts/links/in der Mitte – in/an/auf/unter/über/ unter/neben/zwischen	produktiv
Kapitel 5, S. 68/69, S. 72/73	wie wohin kommen?	– einsteigen/aussteigen/ umsteigen/fahren/abbiegen	produktiv
Kapitel 5, S. 70/71	was wohin stellen/ legen/hängen?	– in/an/auf/unter/über/ unter/neben/zwischen	produktiv
Kapitel 5, S. 74/75	wohin gehen?	– zum/zur, in den/die	produktiv
Kapitel 6, S. 80/81	wie wohin kommen?	– fahren/kommen/abbiegen ...	produktiv

In Kapitel 6, S. 80/81, wird das Gesamtsystem zusammenhängend dargestellt und von da an immer wieder aufgegriffen und vor allem in zahlreichen Arbeitsbuchübungen vertiefend eingeübt.

C Die drei Teilaufgaben **C1**, **C2** und **C3** gehen einen Lernweg, den wir für Aufgaben zu Lese- bzw. Hörtexten grundsätzlich empfehlen. Die Fragen in Aufgabe **C1** werden zunächst anhand der Abbildung, aus dem Vorwissen bzw. Weltwissen heraus möglichst weitgehend und auch vermutend beantwortet. Der Lesetext in Aufgabe **C2** und der Hörtext in **C3** dienen dazu, die bereits vorhandenen Antworten zu überprüfen, zu berichtigen und zu vervollständigen.

D Die bereits bei Aufgabe **A** empfohlene Übung taucht hier abschließend noch einmal in erweiterter Form auf und kann nun schneller, umfassender und sicherer durchgeführt werden.

Lösungen

B1 3 • 1 • 7 • 2 • 6 • 4 • 8 • 5

B2 2 unter dem 3 neben dem 4 zwischen den 5 über der

C1 1 ein Computer 2 rechts 3 vorne links 4 Zettel • Bücher • ... 5 Telefon • Bücher • Kalender • ... 6 vorne rechts 7 auf dem Tisch in der Mitte 8 an der Wand rechts in der Mitte 9 ein Laptop

C3 1 Armando und Corinna 2 Corinna 3 nein 4 dahinten auf dem Tisch (zwischen den Schreibtischen von Corinna und Armando, hinten am Fenster) 5 seinen Terminkalender 6 Aktenordner • Bücher • Kaffeemaschine • Tassen • Papier • Kataloge 7 Armando

Entschuldigung, wie komme ich von hier zum ...? → S. 68/69

 KT brauchen die Fragen 1 bis 8 nicht in der angegebenen Reihenfolge zu beantworten, sondern sollten vom Leichten zum Schweren übergehen. Empfehlenswerte Bearbeitungsweisen sind:
- Wer hat z.B. zuerst fünf Lösungen?
- KT können Lösungen tauschen (*Ich gebe dir eine, du gibst mir eine.*). Wer hat zuerst alle Lösungen?
- KT erarbeiten in Zweiergruppen die Lösungen und tauschen sich dann mit einer anderen Zweiergruppe aus.

Lernen im Umfeld

Da KT beim Deutschlernen dauernd ihre Unterrichtsmaterialien vor Augen haben, gehen diese immer stärker ins Bewusstsein ein als Lerninstrumente und auch Lernziele. Der Blick für das Lebensumfeld als Anlass und Auslöser des Deutschlernens geht so leicht verloren. Grafiken, Schaubilder, Werbetexte, Produktbeschreibungen, Firmenporträts, Radio- und Fernsehsendungen und nicht zuletzt das Internet werden als Lern- und Anwendungsanlässe übersehen, auch wenn sie in deutscher Sprache auftreten. Der Übersichtsplan über die U-Bahnlinien des Verkehrsverbunds Rhein-Sieg soll beispielhaft aufzeigen, wie sich ein überwiegend unsprachliches Dokument versprachlichen lässt und wie authentische Materialien im Unterricht eingesetzt werden können.

B Bei der Bearbeitung von Aufgabe **B** sollte ähnlich vorgegangen werden wie bereits für Aufgabe **A** vorgeschlagen.

C
D Die beiden Aufgaben **C** und **D** führen induktiv zu der Erkenntnis, dass die trennbare Vorsilbe den Wortakzent trägt.

F Durch Aufgabe **B** und **E** sollte Aufgabe **F** so weit vorbereitet sein (zumal ja die Ortbestimmungen hier nur wiederholt werden), dass **F** ohne Eingriffe von KL teilnehmergesteuert abläuft. Falls KT in ihrem Bedürfnis nach – oft unnötiger – Absicherung KL hinzuziehen wollen, sollte dieser zurückfragen: *Was, glauben Sie, ist richtig? Wie, glauben Sie, muss man es machen?*

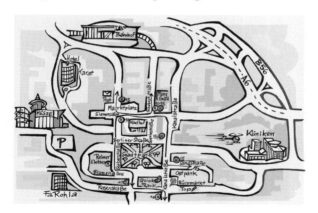

Lösungen

A   **1** neun (U16, 18, 61, 62, 63, 65, 66, 67, 68) **2** sechs (U16, 18, 63, 66, 67, 68) **3** vier (U62, 65, 66, 67)
      4 mit der U62 oder der U65 **5** die U68 **6** die U16, 63, 67 **7** zehn **8** zwei (U16, 18)

B1   **1 richtig**: A, C, D • **gut**: B (aber vom Konrad-Adenauer-Platz nach Bonn-Beuel sind es nur 3 Haltestellen) • C (klar, aber etwas zu lange Strecke) • **2 nicht so gut**: D und A (sehr lange Strecke) • **3 falsch**: B (es sind vom Konrad-Adenauer-Platz nach Bonn-Beul drei Stationen, nicht fünf)

B2   A: Einsteigen in U66 in Richtung Hauptbahnhof/Bad Godesberg, nach 18 Haltestellen aussteigen: Ramersdorf, umsteigen in U62 in Richtung Dottendorf, nach 5 Haltestellen aussteigen: Bonn-Beuel • B: Einsteigen in U67 in Richtung Bad Godesberg, nach 7 Haltestellen aussteigen: Konrad-Adenauer-Platz, umsteigen in U65 in Richtung Bonn-Beuel, nach 3 Haltestellen aussteigen : Bonn-Beuel • D: Einsteigen in U66 oder U67 in Richtung Hauptbahnhof, nach 12 Haltestellen aussteigen: Hauptbahnhof, umsteigen in U62 in Richtung Oberkassel, nach 7 Haltestellen aussteigen: Bonn-Beuel

D   eintragen • ankommen • aussteigen

E1   **Dialog A:** zu Fuß • **Dialog B:** mit dem Auto • **Dialog C:** mit der Straßenbahn

E3   **Situation 1:** zur B 56 • **Situation 2:** zu Elektro Reimer

Und was machen wir mit ...?

→ **S. 70/71**

A KT schauen sich die Abbildung an und sammeln die Gegenstände, die man auf der Abbildung sehen kann: *Auf dem Bild sieht man Aktenordner, Bücher ...* Dann hören KT den Hörtext und ergänzen die Lücken bei Aufgabe **A1**. Anschließend beschreiben KT, wie das Regal auf der Abbildung aussieht (Aufgabe **A2**). Als Variante ist auch möglich, dass KT sich zunächst nur auf die Abbildung konzentrieren und die Aufgabe **A2** vor der Aufgabe **A1** machen.
Aufgabe **A3** machen KT zunächst in PA, bevor es zu einem Rollenspiel vor dem Plenum kommt.

B Der Text zu Aufgabe **B1** wird als Einsetzaufgabe präsentiert und dient der Wiederholung der Ortsbestimmungen auf die Frage *Wo?*. Der Text zu **B2** macht KT rezeptiv mit den Ortsbestimmungen auf die Frage *Wohin?* bekannt. Die Aufgabe **B3** macht die neuen grammatischen Erscheinungen bewusst und systematisiert sie in der nachfolgenden Grammatikübersicht.
In Aufgabe **B2** und **B3** begegnen KT zudem zum ersten Mal in rezeptiver Form dem Perfekt. Die Bildung des Perfekts ist an dieser Stelle aber noch nicht Thema und sollte daher auch noch nicht erläutert werden; produktiv taucht es auf der nächsten DS, S. 72/73, auf.

C Die Ausspracheübung **C** weist auf die artikulatorische Seite dieses Grammatikthemas hin, nämlich auf die sorgfältige Aussprache und Unterscheidung des auslautenden *n* und *m*.

D Das Wechselspiel mit Datenblatt **A11/B11** greift erneut die Gegenüberstellung der Ortbestimmungen auf die Fragen *Wo?* und *Wohin?* auf und sollte daher im Unterricht nicht ausgelassen werden.

E Das grammatische Lernziel dieser DS *Was kommt wohin?* wird in Aufgabe **E** auf ein landeskundlich relevantes Thema angewendet.

Mülltrennung und Entsorgung

Die Vorschriften für Mülltrennung und Entsorgung sind von Landkreis zu Landkreis recht unterschiedlich. Wenn ein Ausländer in Deutschland die einschlägigen Vorschriften kennt und sich daran hält, gewinnt er auch bei denen Ansehen, die es damit weniger genau nehmen. Allgemein gilt:

- Papier wird getrennt und kommt in den Altpapiercontainer bzw. die Altpapiertonne.
- Flaschen und Glas kommen in den Glascontainer, bisweilen noch getrennt in Weiß-, Grün- und Braunglas.
- Alle Abfälle mit dem grünen Punkt kommen in den gelben Sack bzw. die gelbe Tonne.
- Organische Abfälle und Essensreste kommen in die Biotonne.
- Batterien werden getrennt als Sondermüll entsorgt, ebenso Farb- und Lackreste, Elektronikschrott, Druckerkartuschen und Toner.

Es gilt als sehr korrekt, wenn sich ein Ausländer nach den geltenden Vorschriften und üblichen Praktiken erkundigt und sich bemüht, sie zu beachten.

F In diese Anwendungsübung, die KT mit großer Zurückhaltung von KT durchführen sollten, gehen die Ortbestimmungen auf die Fragen *Wo?* und *Wohin?* ein nach werden auf den Büroalltag der KT übertragen.

Lösungen

A1   Bücher • Kaffeemaschine • Tassen • Papier • Kataloge

B1   In dem/Im • neben dem • auf dem • In dem/Im • Auf dem • vor dem

B3   2 unter den Computertisch 3 an die Garderobe 4 ins Regal 5 an ihren Platz 6 in die Altpapiertonne 7 in einem Schrank

E1   1 Altpapier 2 Verpackungen

E2   **blaue Tonne/Altpapiertonne:** Illustrierte • Kataloge • Papier • Hefte • Prospekte • Zeitungen • Packpapier • Bücher • Kartons • **gelbe Tonne:** Plastikflaschen • Metalldosen • Getränkedosen • Plastikbeutel • Jogurtbecher • Alufolie • Tetra-Packs • Saftkartons • **braune Tonne/Biomüll:** Käsereste • Brotreste • Wurstreste

E3   2r • 3r • 4r • 5f • 6r

Unterwegs zur Firma Rohla

→ S. 72/73

A Nach der inhaltlichen und situativen Eröffnung des Handlungsrahmens in Aufgabe **A1** folgt in **A2** eine rezeptive Konkretisierung, die in **A3** in eine reproduktive Übung übergeht, wobei hier sowohl der Wortschatz zu *Wie kommt man wohin?* als auch die Bildung des Perfekts produktiv angewendet werden *(ist gefahren, ist abgebogen).* Falls es für KT zu schwer ist, bereits hier das Perfekt anzuwenden, kann diese Aufgabe auch im Präsens beantwortet werden: *Herr Molnar fährt ... Er biegt ... ab.* In der Aufgabe **A4** wird das grammatische Lernziel thematisiert und bewusst gemacht.

B Die Grammatikübersicht zeigt die Partizipialbildung auf, also die morphologische Seite, und den damit einhergehenden Satzbau, also die syntaktische Seite. In Aufgabe **B1** gehen KT rezeptiv mit der neuen grammatischen Erscheinung um, in **B2** (re)produktiv.

Die Automatisierung komplexer sprachlicher Erscheinungen

Das Perfekt umfasst ein ganzes Bündel von Regeln, die KT unmöglich im Sprechakt konstruierend beachten kann. Seine Komplexität besteht in:
der Bildung des Partizips:
- mit oder ohne *ge-* als Vorsilbe
- *ge-* zwischen trennbarem Verbzusatz und Verbstamm oder als erste Silbe
- mit der Endung *-t* oder *-en*
- mit oder ohne Vokalwechsel
- kombiniert mit *haben* oder *sein*

der Syntax:
- Partizip steht an letzter Stelle im Hauptsatz
- Partizip steht an vorletzter Stelle im Nebensatz

Wegen der Komplexität des Perfekts müssen im Unterricht nützliche Versatzstücke der Rede herausgegriffen und zusammen mit ihren Austauschstellen eingeübt werden, so wie es in Aufgabe **B2** geschieht.

C Die Darstellung der Vorgabe im Buch als Rundlauf ist auch ein Hinweis für das Nachspielen im Unterricht, sei es als Telefongespräch an verschiedene Partner oder als tatsächlicher Suchlauf nach Frau Delio. Es ist wünschenswert, dass KT einen eigenen Rundlauf entwickeln und spielen. Dabei lesen KT zunächst die Informationen im Buch. Im zweiten Schritt erhalten KT Kärtchen von KL mit Stichwörtern, z.B. *Frau Delio in Vertrieb, zu Herr Berger,* anhand derer KT die Aussagen nachsprechen.

Lösungen

A2 2

A3 *Mögliche Lösung:* Herr Molnar ist nach dem Hauptbahnhof links abgebogen. Dann ist er zum Hotel Karat gekommen, dann ist er in Richtung Stadtmitte gefahren. Nach der Messe ist er in die erste Straße rechts abgebogen und hat schließlich die zweite Straße rechts genommen.

A4

Ich	bin	nach dem Hauptbahnhof links	abgebogen.
Dann	bin	ich zum Hotel Karat	gekommen.
Dann	bin	ich in Richtung Stadtmitte	gefahren.
Nach der Messe	bin	ich in die erste Straße rechts	abgebogen.
Und schließlich	habe	ich die zweite Straße rechts	genommen.

B1 2 Auf der Siemensallee hat es einen Stau gegeben. 3 Nach dem Hauptbahnhof bin ich links abgebogen. 4 Dann bin ich zum Hotel Karat gekommen. 5 Dann bin ich in Richtung Stadtmitte gefahren. 6 Nach der Messe bin ich in die erste Straße rechts abgebogen. 7 Schließlich habe ich die zweite Straße rechts genommen.

C 1 *Mögliche Lösung:* Herr Berger, ist Frau Delio bei Ihnen im Vertrieb? • Herr Koriander, wo ist Frau Delio? Im Labor ist sie nicht. • Herr Koriander hat gesagt, dass Frau Delio hier in der EDV ist. • Ist Frau Delio in der Auftragsabteilung? • Herr Bilewski, ist Frau Delio nicht mit Ihnen in die Kantine gegangen? • Herr Bilewski hat gesagt, dass Frau Delio hier an der Rezeption ist.

2 Frau Straub sucht Frau Delio, man sagt ihr, wo sie ist, aber immer wenn Frau Straub kommt, ist Frau Delio schon in einem anderen Zimmer, einer anderen Abteilung.

3 Frau Straub und Herr Molnar sind im Besprechungszimmer, dann im Vertrieb, dann im Labor, dann in der EDV, dann in der Auftragsabwicklung, dann in der Kantine, dann an der Rezeption und schließlich im Besprechungszimmer.

Vor der Messe

→ S. 74/75

 Auf dieser DS wird die Planung im Vergleich zur Realisierung *(Was geplant? Was gemacht?)* an die Ortsbestimmung angebunden. Der Vergleich erfordert das Präteritum der Modalverben, wobei wir bei der Einführung der Vergangenheit einen weiteren Schritt vorankommen (vgl. Ausführungen zur Vergangenheit, S. 16). Die Klärung der Begriffe *Plan, Vorschlag, Argument* geschieht durch die kontextualisierende Einbettung in die Aufgaben A1, A2, A3 und A4.

Regelbildung

Bei Regeln und Regelbeherrschung denken KT allzu leicht an Grammatikregeln und zwar im Sinne einer Gesetzmäßigkeit, die man aufsagen kann wie eine Vorschrift. Dies ist nur *eine* Möglichkeit der Regelbildung und der unsicherste Beitrag zur Regelbeherrschung.

In Wirklichkeit führen drei Wege zur Regelbeherrschung und alle drei müssen für bestimmte Beherrschungsabsichten beschritten werden:

- Die Nachahmung mustergültiger Beispiele: Auf diesem Weg wird meist die Aussprache gelehrt und gelernt. Wir haben bezüglich der Aussprache sieben Regelschwerpunkte übungsmäßig entwickelt, um die imitierende Regelaneignung auf das Wesentliche auszurichten und zu unterstützen (vgl. Ausführungen zur Aussprache, S. 13)
- Der Herauslösung der regelhaften Erscheinungen aus ihrem grammatischen Kontext und der beiläufige Umgang mit ihnen, z. B. *Guten Tag! Wie geht es Ihnen?* In diesen Fällen ist es einfacher die Formen wie Redewendungen zu lernen, als ihren grammatischen Bauplan zu durchschauen.
- Die Darstellung der sprachlichen Erscheinung in einem Regelraum, z. B. die Vergangenheit.

In *Unternehmen Deutsch* beschreiten wir oft mehrere Wege zu einem grammatischen Lernziel. Zum Beispiel tritt die Verbform *möchte* zunächst beiläufig als Redewendung auf (Kapitel 2, S. 26, Aufgabe A), in Kapitel 4 wird diese Verbform durch die Formen *hätte gern, würde gern* ergänzt (S. 54/55), auch hier treten die Verbformen zunächst nur als Redewendungen auf (S. 54), werden auf S. 55 paradigmatisch vorgeführt und im Arbeitsbuch eingeübt, aber sie werden nicht in den größeren grammatischen Zusammenhang des Konjunktiv II eingebettet, weil diese Systematisierung keinen Lernfortschritt, sondern eher Erschwernisse bringen würde. Die Grammatik im *Grundkurs* von *Unternehmen Deutsch* folgt also den Kriterien der beschreibenden Systematik nur so weit, wie dadurch Lernökonomie erzielt wird. Die grammatische Systematik hat eine dienende Funktion.

B Einige Lücken können KT schon ausfüllen, bevor sie den Text gehört haben. Die Datenblätter A12/B12 in Aufgabe E nehmen die zentrale Mitteilungsabsicht auf und können daher auch in unmittelbaren Anschluss an die Aufgabe B gemacht werden.

D Die fünfte DS eines jeden Kapitels fasst die Lernziele der vorangegangen vier zusammen, verknüpft sie miteinander und sichert so den Lernertrag des Kapitels. Dies geschieht hier in der Beschreibung des Zimmers *(Was ist wo? Was muss wohin?)* und in der Wegbeschreibung *(Wie komme ich zu Ort A? bzw. Wie komme ich von Ort A zu Ort B?)*.

Lösungen

A1 Der Herr links sagt: „Ich gehe zur Verkaufsausstellung." • Der Herr rechts sagt: „Ich muss zur Recycling-Ausstellung." • Der zweite Herr von rechts sagt: „Ich gehe erst mal in den Lesesaal." • Die Kinder sagen: „Wir wollen in den Zoo!"

A2 Die Dame links sagt: „Kommt, wir gehen zusammen zum Stand von Firma Beltz." • Der Herr in der Mitte sagt: „Wollt ihr nicht zu dem Vortrag?"

A3 Der zweite Herr von rechts sagt: „Ich brauche Ruhe." • Die Dame links sagt: „Da ist meine Freundin." • Der dritte Herr von rechts sagt: „Ich habe meine Schlüssel verloren." • Die Dame in der Mitte sagt: „Ihr wart doch schon im Zoo."

B **Frauke Holm:** Verkaufsausstellung • **Anni Caruso:** Zoo • Zoo • **Kirsten und Rolf:** Zoo • **Horst Boll**: Cafeteria • **Karl Beierer:** Präsentation • **Rainer Gärtner:** Stand • **Theo Hamm:** Verkaufsausstellung

KAPITEL 6

NAMEN, ZAHLEN, DATEN, FAKTEN

Das Mercedes-Benz Kundencenter Bremen → S. 80/81

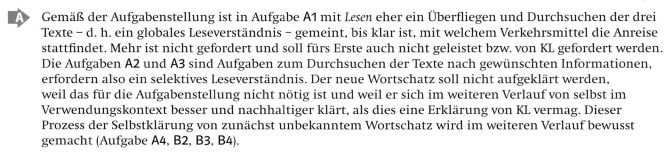

A Gemäß der Aufgabenstellung ist in Aufgabe **A1** mit *Lesen* eher ein Überfliegen und Durchsuchen der drei Texte – d. h. ein globales Leseverständnis – gemeint, bis klar ist, mit welchem Verkehrsmittel die Anreise stattfindet. Mehr ist nicht gefordert und soll fürs Erste auch nicht geleistet bzw. von KL gefordert werden. Die Aufgaben **A2** und **A3** sind Aufgaben zum Durchsuchen der Texte nach gewünschten Informationen, erfordern also ein selektives Leseverständnis. Der neue Wortschatz soll nicht aufgeklärt werden, weil das für die Aufgabenstellung nicht nötig ist und weil er sich im weiteren Verlauf von selbst im Verwendungskontext besser und nachhaltiger klärt, als dies eine Erklärung von KL vermag. Dieser Prozess der Selbstklärung von zunächst unbekanntem Wortschatz wird im weiteren Verlauf bewusst gemacht (Aufgabe **A4**, **B2**, **B3**, **B4**).

Einstiegsvariante

Für KL, die KT behutsamer an die Texte und das Thema *Verkehr* heranführen sowie die Gruppendynamik nutzen wollen, empfiehlt sich folgender Einstieg:
* Die Texte 1 bis 3 werden Zweiergruppen zugeteilt, die klären sollen:
  Von wo wohin? Wie weit? Welche Verkehrsmittel? Wie lange? Wie teuer?
* Die Zweiergruppen notieren sich Stichwörter.
* Anhand der Stichwörter tragen die Zweigruppen dem Plenum oder anderen Zweiergruppen ihre Ergebnisse vor.
* Die Zweiergruppen, denen vorgetragen wird, machen sich Notizen.
* Dann überprüfen alle die Richtigkeit ihrer Notizen und lösen anschließend die Aufgaben **A1** bis **A3**.
* Die Ergebnisse werden zum Schluss im Plenum besprochen.

Die in PA geleistete Bearbeitung der Texte erleichtert die Lösung der Aufgaben **B1** bis **B4** und vor allem den erschließenden Umgang mit neuem Vokabular, was Lern(verhaltens)ziel dieser DS ist.

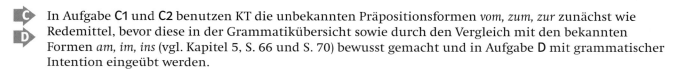

C
D In Aufgabe **C1** und **C2** benutzen KT die unbekannten Präpositionsformen *vom, zum, zur* zunächst wie Redemittel, bevor diese in der Grammatikübersicht sowie durch den Vergleich mit den bekannten Formen *am, im, ins* (vgl. Kapitel 5, S. 66 und S. 70) bewusst gemacht und in Aufgabe **D** mit grammatischer Intention eingeübt werden.

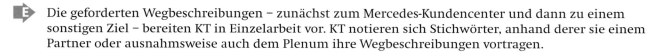

E Die geforderten Wegbeschreibungen – zunächst zum Mercedes-Kundencenter und dann zu einem sonstigen Ziel – bereiten KT in Einzelarbeit vor. KT notieren sich Stichwörter, anhand derer sie einem Partner oder ausnahmsweise auch dem Plenum ihre Wegbeschreibungen vortragen.

Lösungen

A1 1 dem Auto 2 dem Zug 3 dem Flugzeug

A2 1 3,8 km 2 12,50 € mit dem Taxi und 3,60 € mit dem Bus 3 circa 20 Minuten

A3 1 30 Minuten • 4 Minuten • 20 Minuten • 2 3,5 km • 300 m • 3 12,50 € • 3,60 € • 19,- € • kostenlos • 4 Text 3: Oder Sie fahren mit der Straßenbahn, Linie 6, in circa 20 Minuten zum Hauptbahnhof. • 5 Text 2: Sie können aber auch mit dem Bus, Linie 25, ...fahren. • 6 Text 2: An der Haltestelle „Holter Feld" steigen Sie aus ... Sie erreichen das Kundencenter in ungefähr 4 Minuten zu Fuß.

B1 **Öffentlicher Verkehr:** Regionalbahn • Bahn • ICE • **Schienenverkehr:** Bahn • U-Bahn • ICE • Regionalbahn • **Fernverkehr:** Bahn • Flugzeug • ICE • (Auto) • **Individualverkehr:** Fahrrad • Auto • Taxi • **Straßenverkehr:** Fahrrad • Bus • Auto • Taxi • **Regionalverkehr:** Bus • Auto • Regionalbahn • U-Bahn

B3 1 schnell 2 oft 3 ca. 700 m 4 hin und zurück

C1 **Dialog 1:** zum Hotel / Augustusplatz • **Dialog 2:** im Erdgeschoss • in die siebte Etage / in die Möbelabteilung / in das Restaurant • **Dialog 3:** im Auto • zum Gruppenraum 603A

C2 2r • 3f • 4f

Chrono.data GmbH & Co. KG

→ **S. 82/83**

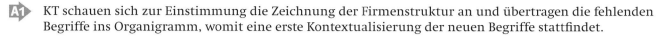 KT schauen sich zur Einstimmung die Zeichnung der Firmenstruktur an und übertragen die fehlenden Begriffe ins Organigramm, womit eine erste Kontextualisierung der neuen Begriffe stattfindet.

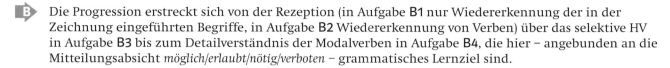 Die Progression erstreckt sich von der Rezeption (in Aufgabe **B1** nur Wiedererkennung der in der Zeichnung eingeführten Begriffe, in Aufgabe **B2** Wiedererkennung von Verben) über das selektive HV in Aufgabe **B3** bis zum Detailverständnis der Modalverben in Aufgabe **B4**, die hier – angebunden an die Mitteilungsabsicht *möglich/erlaubt/nötig/verboten* – grammatisches Lernziel sind.

Binnendifferenzierung

Nicht alle KT einer Lernergruppe haben die gleichen Vorkenntnisse, das gleiche Lernvermögen. Nicht alle bringen das gleiche Engagement und Interesse mit. Nicht alle haben den gleichen beruflichen Hintergrund. Aber alle haben das gleiche Unterrichtsmaterial. KL kann die unvermeidliche und geradezu erwünschte Heterogenität seiner Lernergruppe auffangen und unterrichtlich nutzen, wenn er folgendermaßen vorgeht:

- Mehrteilige Aufgabenstellungen auf Kleingruppen verteilen (im Falle von Teil **B** wäre dies die Verteilung der Aufgaben **B1** bis **B4** an Kleingruppen).
- Rollenspiele in gleichzeitig arbeitenden Zweiergruppen durchführen lassen, evtl. mit Vorführung vor dem Plenum oder wechselseitig zwischen den Gruppen.
- Gruppen so zusammenstellen, dass in der Regel Gegensätze gepaart werden: Sprechfreudiger + Schweigsamer, Leistungsstarker + Leistungsschwacher, Sachkundiger + Sachunkundiger, unterschiedliche Berufs- oder Studienrichtungen.
- Je nach der Leistungsfähigkeit und -bereitschaft vergibt KL zielgerichtet Aufgaben mit unterschiedlichem Schwierigkeitsgrad.
- KT im Unterrichtsraum agieren lassen (nicht von ihrem Platz aus). In großen Lernergruppen (über 16) ist diese Vorgehensweise die einzige, die jedem einzelnen KT ausreichende Sprechanteile sichert und damit den Trainingscharakter des Sprachunterrichts wahrt.

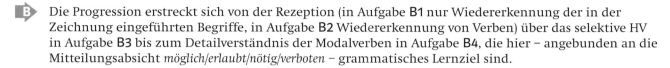 Die in Aufgabe **B4** und in der Grammatikübersicht bewusst gemachten Modalverben werden in Aufgabe **D** selbstständig angewendet, wobei KT Schildern aus dem betrieblichen Alltag (z.B. Schild: *fotografieren verboten*) als auch aus dem Straßenverkehr (Bezug zu der vorhergehenden DS) begegnen.

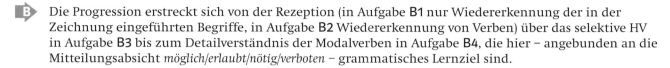 Das abschließende Rollenspiel greift die Mitteilungsabsicht *möglich/erlaubt/nötig/verboten* in teilnehmerrelevanten Dialogen auf. Hier gelten wieder die oben ausgeführten Hinweise bzgl. Kleingruppenbildung und Bewegung im Unterrichtsraum.

Lösungen

A1   **Verwaltung:** Sekretariat • Personal • **Marketing und Vertrieb:** Messen und Ausstellungen • Außendienst • **Produktion:** Montage • Testlabor und Reparatur • Lager und Versand

B1   **Bereiche:** Verwaltung • Marketing und Vertrieb • Produktion • **Abteilungen:** Sekretariat • Buchhaltung • Personal • Einkauf • Messen und Ausstellungen • Werbung • Außendienst

B2   stellen • her • anbieten • sehen • haben

B3   1 Zeitschaltuhren • elektronische Steuerungen für Elektromotoren, Drucker und Küchengeräte • 2 drei Bereiche • elf Abteilungen • 3 hier rauchen (nur in der Raucherecke erlaubt) • in der Produktion fotografieren • 4 in der Produktion Spezialkleidung tragen • 5 alle Produkte, die zurückkommen

B4   dürfen • können/dürfen • muss • darf • Kann/Darf • können/dürfen

D   **Stoppschild:** Hier muss man halten. • **Fahrrad:** Hier darf man Fahrrad fahren. • **Handy:** Hier darf man nicht mit dem Handy telefonieren. • **Zone 30:** Hier darf man nur 30 km/h fahren. • **Essen/Trinken:** Hier darf man nicht essen und trinken. • **Parkschild:** Hier darf man parken. • **Telefon:** Hier kann man telefonieren. • **Zigarette:** Hier darf man nicht rauchen. • **Fotoapparat:** Hier darf man nicht fotografieren.

Die Arbeitsorganisation in der Rückware → S. 84/85

A KT lesen die neun Fragen von Aufgabe **A1** und beantworten sie am besten in PA. Falls KT bei der Beantwortung Probleme haben, sollten sie andere Zweiergruppen um Rat fragen; KL sollte sich mit Hilfestellungen zurückhalten. Dieses Ratsuchen leitet nach dem Hörtext in Aufgabe **A2** zu dem wechselseitigen Befragen in Aufgabe **A3** über.

Fachthemen in *Unternehmen Deutsch*

Unternehmen Deutsch ist kein fachkundliches Lehrwerk und setzt auch keine Fachkenntnisse voraus. Es bereitet KT darauf vor, eine berufliche Funktion in einem deutschsprachigen Betrieb zu übernehmen bzw. unterstützt KT im Kontakt mit deutschen Firmen.

Unternehmen Deutsch lehrt jedoch nicht – auch nicht nebenbei – Fachthemen. KT lernt also nichts Neues in Marketing, Messewesen, Vertrieb oder Buchhaltung. Aber KT lernt Deutsch im Zusammenhang mit Sprachhandlungen, die sich möglicherweise auf dem Hintergrund dieser Fachthemen ergeben. Es wäre nun ebenso falsch, diesen Hintergrund durch Fachfragen und Recherchen in den Vordergrund zu rücken, wie es falsch wäre, in Berührungsangst davor zurückzuweichen und sich für unzuständig zu erklären.

Am Beispiel der Rückware soll exemplarisch aufgezeigt werden, wie KT mit übergreifenden Sprachmitteln und Redestrategien in Fachzusammenhängen, für die sie kein Experte sind, den Überblick behalten und handlungsfähig bleiben können. KT sollen zudem erkennen, dass sie mit den neu erworbenen sprachlichen Fertigkeiten viele andere betriebliche Funktionsbereiche in den Griff bekommen.

B In Aufgabe **B1** hören KT den Hörtext zunächst mit dem Ziel des Globalverständnisses und beantworten dabei die Fragen *Wo? Wer/Wie viele? Was? Wie?*. Der zweite Hördurchgang bei Aufgabe **B2** dient dem Detailverständnis.

C Das Wechselspiel mit Datenblatt **A14/B14** bereitet die Aufgabe **D** vor.

D Für die Anbindung der Grammatik an das Rollenspiel (Aufgabe 2) gibt es drei Möglichkeiten:
- Besprechung der Grammatikübersicht vor dem Rollenspiel.
- Erster Durchgang des Rollenspiels, Einschieben der Grammatik und danach zweiter Durchgang mit verbesserten Leistungsvoraussetzungen.
- Hinweis auf die Grammatikübersicht und Start des Rollenspiels; in diesem Fall hängt es von KT ab, ob und in welchem Umfang sie auf die Grammatikübersicht zurückgreifen.

Lösungen

A1 1 Aufträge schreiben 2 Thea Rendle • Amina Gök • Mischa Kramnik • Rosa Ünsal • Akile Morina 3 sechs Stunden 4 vier Stunden 5 im Plus 6 drei Stunden 7 drei Stunden 8 220 Stunden 9 im Winterhalbjahr

A2 Ware, die zurückkommt: zurücknehmen, umtauschen, reparieren/umbauen

B1 1b • 2c • 3b • 4a

B2 **Mischa Kramnik:** Rückware 4 auspacken • Rückware 2 Aufträge schreiben •
Akile Morina: 1 Stunde • 3 Stunden • 1,5 Stunden

D1

Thea Rendle	Mischa Kramnik	Akile Morina
8.00 R4 auspacken	**7.00 R4 auspacken**	8.00 R3 auspacken
10.00 Pause	**9.00** Pause	11.00 Mittagspause
10.15 R2 auspacken	**9.15 R1 auspacken**	13.00 R3 eingeben
11.15 R4 eingeben	11.45 Mittagspause	**14.00 R2 eingeben**
12.15 Mittagspause	**12.30 R1 eingeben**	15.30 R3 A schreiben
13.00 R4 eingeben	**14.30** R1 A schreiben	18.30 Ende
15.00 R4 A schreiben	**16.00** R2 A schreiben	
16.30 Ende	16.30 Ende	

Drucker und Regale

→ **S. 86/87**

A Nach der kurzen Besinnungsaufgabe **A1** zur Einstimmung steigen wir schrittweise in die Thematik ein, zunächst mit einer einzigen Grobverständnisfrage in Aufgabe **A2** und dann mit einer kurzen Aufgabe, **A3**, zum selektiven Hören.

B Getreu der Gesamtüberschrift des Kapitels *Namen, Zahlen, Daten, Fakten* konzentrieren wir uns hier auf die Angabe und den Vergleich von Leistungs- und Maßangaben. Die Vorgaben im linken Dialogbaukasten geben eine Übersicht über mögliche Fragestrukturen. KT haben hier also nicht die Aufgabe – wie üblich – auf vorgegebene Fragen zu antworten, sondern die passenden Fragen zu den vorgegebenen bzw. anderen selbst gefundenen Antworten zu finden.

Markierungen

Die Markierung ist ein ökonomisches Grundprinzip, das den gesamten Wortschatz durchzieht. In den Fragen *Wie alt? Wie groß? Wie schnell? Wie hoch? Wie teuer? Wie wirtschaftlich? Wie zuverlässig? ...* sind die Adjektive unmarkiert und lassen Antworten auf der ganzen Bandbreite von sehr jung bis sehr alt, von sehr klein bis sehr groß, von sehr langsam bis sehr schnell etc. zu. Die Adjektive *jung, klein, langsam, niedrig, billig ...* dagegen sind auf einen engen Geltungsbereich hin markiert.

Ähnlich ist es mit dem natürlichen Geschlecht. Wenn jemand *einen Löwen, eine Katze, ein Pferd* erwähnt, macht er keine Aussage über das natürliche Geschlecht. Es kann sich um ein männliches oder weibliches Tier handeln. Wenn er aber von *einer Löwin, einem Kater* oder *einem Hengst* spricht, ist das Wort auf sein natürliches Geschlecht hin markiert.

Im Zuge gerade auch der Geschlechtergleichbehandlung sind die Markierungen im Übereifer und aus Unkenntnis dieses durchgehenden Merkmals des deutschen Wortschatzes ins Wanken geraten. Dabei wird jeder gutwillige und kompetente Teilnehmer der Sprachgemeinschaft die Frage nach der Einwohnerzahl einer Stadt nicht als Frage nach der Zahl der männlichen Einwohner missverstehen. Er wird auch die Frage *Wie teuer ist das?* als die Frage nach dem Preis und nicht als die Unterstellung eines Wucherpreises auffassen.

C Wir empfehlen hier, die Aufgabe **C** strikt nach der vorgegebenen Abfolge zu gestalten; die Beantwortung der Fragen 1 bis 9 mit den Vergleichsformen sollte auf jeden Fall der grammatischen Bewusstmachung vorangestellt werden.

D Bei Aufgabe **D2** bietet sich folgende Dialogform an:
- Welches Regal nimmst du (nicht)?
- ▶ Ich nehme (nicht) Regal Nummer ...
- Warum nimmst du Regal Nummer ... (nicht)?
- ▶ Es ist (nur) für ... Ordner. Das ist gut. (Das ist zu wenig.)

Im Hinblick auf Aufgabe **F** sollte diese Dialogform gründlich eingeübt werden.

E Die Adverbien *so, sehr, zu* sind schon bedeutungsmäßig nicht leicht zu unterscheiden. Umso wichtiger ist es, dass sie artikulatorisch ganz deutlich herauskommen und ihre Aussprache sowie das Hörverständnis trainiert werden.

F2 Während sich der Dialog in Aufgabe **D** an festen Vorgaben orientiert, können die sprachlichen Redemittel in Aufgabe **F2** – im Rahmen einer kleinen Projektaufgabe – relativ frei angewendet werden.

Lösungen

A2	Der Drucker ist defekt (Papierstau).
A3	1 b/c • 2 a/b/d
C	2r • 3r • 4r • 5f • 6r • 7f • 8r • 9f
D1	1 48 Ordner • 72 Ordner • 96 Ordner • 120 Ordner • 2 85cm • 125 cm • 170 cm • 205 cm • 3 286,- € • 521,- € • 837,- € • 1125,- €
E	sehr groß • so schnell • zu schwer • zu hoch • zu langsam

Was für ein Typ bin ich?

→ S. 88/89

A Die Dialoge 1 bis 4 sollten mit möglichst vielen Partnern durchgeführt werden, damit die neu eingeführten Adjektive allmählich immer schärfere Bedeutungskonturen gewinnen.

Eigenschaften

Eigenschaften von Menschen werden in allgemeinsprachigen Lehrwerken gern an Heiratsannoncen, in berufssprachlichen Lehrwerken gern anhand von Stellenausschreibungen und Bewerbungen motiviert und thematisiert. In der Typenlehre nach Ned Herrmann, die in der Verkäufer- und Führungskräfteschulung ein weit verbreiteter Ansatz ist, werden vier Grundtypen angenommen, die wir durch vier sehr bekannte Persönlichkeiten besetzen. Die Zuordnung der Adjektive im Schüttelkasten wird durch die bekannten Eigenschaften dieser Persönlichkeiten erleichtert. Da Eigenschaften in verschiedenen Kulturen sehr unterschiedlich bewertet, unterlegt und veranschaulicht werden, ist eine sorgfältige Kontextualisierung aus unterschiedlichen Blickwinkeln nötig und hilfreich. Es wäre daher schädlich, wenn KT davor die vielen neuen Adjektive im Wörterbuch nachschlagen und damit „verunklaren" würden.

B Die Grammatikübersicht zwischen Aufgabe A und Aufgabe B dient zum Einstieg in die Adjektiv-deklination, die in Kapitel 7 wieder aufgenommen wird. Wenn die grammatische Intention an dieser Stelle den Redefluss hemmen sollte, kann die Adjektivdeklination auch bis Aufgabe E1 aufgespart werden. Sie ist hier nicht das vorherrschende Lernziel; das Lernziel ist die Charakterisierung von Personen.

C Aufgabe C ist ein spielerischer Selbsttest. Wahrscheinlich kommt heraus, dass jeder KT eine dominierende Farbe hat und noch eine zweite, die zu ihm passt, und in der Regel der dominierenden Farbe nicht entgegengesetzt ist, also z. B. Grün + Blau oder Grün + Rot, aber nicht Grün + Gelb.

D Aufgabe D sowie im Arbeitsbuch Übung 5, S. 77, sind weitere Aufgaben zur Typenlehre, die so schrittweise vertieft wird und vielleicht Interesse zur Weiterarbeit weckt (weitere Informationen unter: www.google.de, Stichwort: Hirn-Dominanz-Instrument).

E Die vertiefende Anwendung der Typenlehre beginnt mit einer Textaufgabe und geht in eine freie Anwendungsübung (Aufgabe E2 und E3) über. Die Arbeitsgruppen können einander und müssen nicht dem Plenum vortragen.

F Die abschließende Projektaufgabe ist ziemlich frei. Bei der Frage, um was für einen Typ es sich beim Vortragenden handelt, achten die zuhörenden KT auf den Inhalt, die Vortragsart, die angebotene Dokumentierung und die Partnerorientierung, um zu einer Bewertung zu kommen.

Lösungen

E1 1 **Frage:** Wie lange arbeiten Sie schon bei der Firma Chrono.data? • **Antwort:** Schon drei Jahre.
2 **Frau Kelling:** Marktführer • ZP2 war Sensation auf der Electronica • echtes Hightech-Unternehmen • gehen auf fünf Messen • neuer Katalog: 68 Seiten • siebzehn neue Produkte • jedes Jahr 30% mehr Umsatz • im Moment 9,3 Millionen Euro Umsatz • **Herr Heimeran:** verdient gut • sehr schöne Kantine • jeder kennt jeden • alle per *du* • Betriebsklima ist gut • Kollege Beierle ist ein netter Mensch • gutes Team • Gruppenbild, nur Frau Hildebrandt fehlt • 23 Kolleginnen und Kollegen

E2 *Mögliche Lösung:* Frau Kelling vorwiegend gelb, etwas blau • Herr Heimeran vorwiegend rot, etwas grün

Versicherungen

→ S. 94/95

Übergreifende sprachliche Handlung dieses Kapitels ist das **Vergleichen**, formal die Einführung des Superlativs und die attributive Verwendung von Komparativ und Superlativ als Attribute. Der erste Ansatz zu Vergleichen in Kapitel 6 (S. 87) wird ausgeweitet und systematisiert. Ein wichtiges Element ist **selektives Lesen**, wofür in Aufgabe D leicht bearbeitete Textausschnitte bereitgestellt werden.

D Nachdem in Aufgabe A bis C Wortschatz zum Thema Versicherungen und der Superlativ eingeführt worden ist, ermöglichen hier zwei vergleichbare Teile aus Stellenanzeigen differenziertere Vergleiche. Zunächst machen sich KT hier jedoch mit **angemessenen Lesetechniken** vertraut.

D1 Um am besten die reale Situation zu simulieren, wie man auf schriftliche Texte stößt und sich zunächst ihnen gegenüber verhält, projiziert KL – bei geschlossenen Büchern – die beiden Texte an die Wand, und zwar so, dass zumindest die Firmenlogos und die Zwischentitel lesbar sind. So wird verhindert, dass sich ein Teil der KT sofort in die Texte zu vertiefen beginnt. Denn die meisten KT neigen spontan dazu, Texte nicht nach ihrem Gebrauchswert, sondern als *Lehrbuchtexte* wahrzunehmen.

Zunächst soll nur eine rasche Identifikation der Texte (kommunikativer Zweck, Erscheinungsort, Urheber und Hauptpunkt – *Privatkundenberater*) erfolgen. In der außerunterrichtlichen Realität ist damit oft schon das Interesse an einem bestimmten Text erledigt.

D2 Im Sprachunterricht wird natürlich ein weitergehendes Interesse vorausgesetzt bzw. simuliert. Wiederum – wie in der Realität – wird in Aufgabe D2 der Text jedoch nicht sofort im Detail gelesen: Der Leser verschafft sich schnell einen Überblick über die wichtigsten Inhalte, um sein Interesse zu bestätigen und die ihm relevant scheinenden Informationen zu entnehmen. Diese zweite Stufe des Interesses bildet das Lehrbuch durch die Aufgabe nach, Bilder bestimmten Tätigkeiten bzw. Arbeitsorten zuzuordnen. KL achtet bei der Durchführung dieser Aufgabe ebenfalls auf Tempo (ohne langsamere KT ganz zurückzulassen), damit KT nicht etwa doch beginnen, die vermeintlich „zu lernenden" Texte genauer zu studieren. Je nach Lernergruppe sollte daher bei der Aufgabenlösung in Einzelarbeit bzw. im Plenum gearbeitet werden. Unbekannte Wörter, die Schlüsselwörter für die Lösung dieser Aufgabe darstellen, sollen KT zunächst ohne Wörterbuch erschließen. Im anschließenden Unterrichtsgespräch kann KL bei der Erschließung helfen bzw. nicht erschlossenen, für die Zuordnung wichtigen Wortschatz semantisieren.

D3 In einem dritten und letzten Schritt des LV, Aufgabe D3, werden dann wiederum in **selektivem Lesen** einige Informationen aus den beiden Texten herausgesucht, wobei KT die Stichworte *Größe, Arbeitsort ...* in Fragen umformulieren, z. B. *Größe → Wie groß ist die Alpina?*. Hier bietet es sich an in, PA zu arbeiten: Die Partner helfen sich gegenseitig und arbeiten ohne Wörterbuch. Auch hier soll bis zum Abschluss der Aufgabe und damit der Beschäftigung mit den beiden Texten überhaupt nur der Wortschatz semantisiert werden, der zur Formulierung der gesuchten Informationen dient.

Das an die Tafel oder auf OHP-Folie übertragene Raster bildet anschließend die Basis für die Durchführung von Vergleichen, die KT möglichst frei formulieren sollen.

Lösungen

A Krankenversicherung • Lebensversicherung • Haftpflichtversicherung

B Antragsformulare • vergleicht • beraten • Leistungen • Beiträge • Antrag • Versicherungsschein • Vertrag

D1 Stellenanzeigen aus dem Internet / der Zeitung

D2 **Bild 1:** HUK – Sie bearbeiten Anträge und Verträge, beschaffen benötigte Unterlagen ... •
Bild 2: Alpina – Sie beraten unsere Kunden im Bereich kleinere und mittlere Unternehmen ... •
Bild 3: Alpina – ... arbeiten in Ihrem Home-Office zu Hause ... •
Bild 4: HUK – ... beraten unsere Kunden, auch telefonisch und per E-Mail.

D3 **HUK-Coburg:** groß • Coburg • Lebensversicherung • Privatkunden • mehr Verwaltung • Innendienst • **Alpina:** Zürich und zu Hause • Betriebshaftpflichtversicherung • Firmenkunden • mehr Beratung • (viel) Außendienst

Welche Stelle passt?

→ S. 96/97

 Um die Themengestaltung ein bisschen interessanter zu machen, bezieht sich der Hörtext nur auf eine der beiden Anzeigen von S. 95, auf die Anzeige der Alpina. Die zweite Anzeige, über die im Hörtext gesprochen wird, die Anzeige der Allianz, ist neu und weder hier noch vorher abgedruckt.
Die Fragen in Aufgabe **A1** zu dem HV-Text zielen auf eine selektive Informationsentnahme. Die Informationen werden am besten auf OHP-Folie oder an der Tafel gesammelt und bieten so den Stoff für Vergleiche der beiden Stellen in den Augen von Frau Hörbiger, Aufgabe **A2**. Damit dabei nicht ständig der Name wiederholt werden muss, sollte KL das Personalpronomen im Dativ *ihr* einführen, das später um *mir, dir* und *Ihnen* erweitert wird (vgl. auch Übungen 2–4 im Arbeitsbuch, S. 84/85).

Hörverstehen

HV wird generell weit mehr als LV mit dem Ziel selektiven Verständnisses trainiert. Dies liegt an der Flüchtigkeit der Texte, die meist selbst in der Muttersprache nicht wirklich vollständig erfasst werden. Deshalb sind mündliche Texte in der Regel redundanter und enthalten mehr Wiederholungen als schriftliche Texte. Wirklich wichtige Informationen werden auch in der muttersprachlichen Realität selten (nur) in gesprochener Form übermittelt, sondern verschriftlicht. **Detailverstehen** ist also eher einem schriftlichen Text angemessen und wird sinnvollerweise vor allem an ihm geübt.
Dennoch ist es im Unterricht auch sinnvoll, immer wieder kürzere Teile von Hörtexten im Einzelnen auszuwerten. Das bietet sich z. B. beim Verstehen von Zahlen, Daten o. Ä. an. Detailverstehen trainiert das Ohr, phonetische Besonderheiten der Zielsprache schneller zu erkennen sowie typische Abschleifungen und Verkürzungen richtig zu interpretieren. Gerade angesichts der erwähnten Flüchtigkeit des Gehörten muss das Gehirn hier viel schneller als beim Lesen dekodieren, was es gehört hat, und deshalb an möglichst viele Formen der Aussprache, der Sprechgeschwindigkeit, Lautstärke und an Zusatzfaktoren wie Nebengeräusche usw. gewöhnt werden.
Unternehmen Deutsch bietet entsprechende Übungen aus Platzgründen selten an. Sie sind jedoch von KL selbst leicht durchzuführen: als Lückentext, der von KL vorher auf Folie, an der Tafel oder als Kopie vorbereitet und dann von KT während bzw. nach dem Hören ausgefüllt wird, oder als gemeinsame Transkription von ein oder zwei Sätzen. Bei der letzteren Form kann KL unter Zuruf der KT zunächst das auf den OHP oder an die Tafel schreiben, was KT schnell richtig verstanden haben, und sich dann schrittweise unter wiederholtem Hören der schwierigen Stellen an das Totalverständnis heranarbeiten. Sinnvoller Gegenstand sind Sätze oder Phrasen, die entweder wichtige Daten oder/und häufige Besonderheiten und Stolpersteine der gesprochenen Sprache enthalten.

Lösungen

A1   1 von der Alpina und von der Allianz 2 Alpina in Zürich • Allianz in Bremen 3 Alpina 4 Sie schickt an beide Versicherungen eine Bewerbung.

A2

Allianz	gefällt gut	gefällt weniger gut	**Alpina**	gefällt gut	gefällt weniger gut
Privatkundenberatung		X	Firmenkundenberatung	X	
Lebensversicherung		X	Haftpflichtversicherung	X	
Arbeit im Büro	X		Arbeit zu Hause		X
———			Firmenwagen	X	
———			selbstständig	X	
kürzere Arbeitszeit	X		längere Arbeitszeit		X
nur im Büro		X	viel unterwegs	X	
großes Unternehmen	X		mittelgroßes Unternehmen		X

B1   interessanter als Privatkundenberatung • attraktiver als Lebensversicherung • am besten zu dir • das Problem • zu Hause arbeiten. Home Office – das ist nichts

D1   **Text A:** Alpina • **Text B:** HUK-Coburg

D2   sehr gute Englisch- und Französischkenntnisse • Firmen-Pkw

D4   Anforderungen stehen unter der Überschrift *Wir erwarten*, Leistungen unter der Überschrift *Wir bieten*

D5   1B • 2B • 3B • 4B • 5A • 6A

Das Home-Office von Frau Hörbiger

→ **S. 98/99**

A Der Begriff *Home-Office* hat sich im deutschsprachigen Raum durchgesetzt. Deutsche, nicht ganz deckungsgleiche Begriffe wie *Heimarbeitsplatz* sind sperrig und werden im Deutschen deshalb immer erst in zweiter Linie eingesetzt. Die Arbeit von zu Hause aus, angesichts fortgeschrittener IT-Technik betriebswirtschaftlich günstig, hat sich in den letzten Jahren ebenso verbreitet wie die englische Bezeichnung dafür.

Die beiden Lesetexte in Aufgabe A präsentieren Wortschatz für die DS. Sie sind mit ihrem Wechsel von Bericht und direkter Rede journalistischen Texten nachgebildet, jedoch so einfach, dass sie im Detail verstanden werden können.

B Mit der Abbildung des teilweise eingerichteten Home-Office wird relativ lang gearbeitet. Deshalb ist es sinnvoll, die Abbildung an die Wand zu projizieren, um KT auf das gemeinsame sprachliche Handeln in PA oder im Plenum zu konzentrieren. Soweit Abbildungen Gegenstand der Interaktion im Unterricht sind, ist eine solche **Projektion** immer sehr sinnvoll. So werden KT vom tendenziell isolierenden und kommunikationsfeindlichen Lesen im Lehrbuch abgehalten und auf das Geschehen im Unterrichtsraum konzentriert. Überhaupt sollten die Bücher so oft wie möglich geschlossen werden, damit die Kommunikation im Unterricht und mündliche Übungen möglichst realitätsnah ablaufen können. Sind Wortschatzhilfen oder Dialogvorgaben, d. h. sprachliche Versatzstücke aus einem Dialog nötig, können auch sie projiziert oder an die Tafel geschrieben werden. Dies hat zudem den Vorteil, dass sie mit dem Trainingsfortschritt schrittweise gelöscht bzw. abgedeckt werden können.

B2 Das Sprechen über das Home-Office auf der Zeichnung sollte zunächst vor allem mit den vorgegebenen einfachen Strukturen ablaufen. Wenn diese ziemlich sicher beherrscht werden, kann KL die Fragemöglichkeiten und die Gegenstände über das angebotene Übungsinventar hinaus ausweiten. Einschlägiger Wortschatz aus Kapitel 4, S. 52/53, S. 56/57, kann hier wieder aufgegriffen werden. Nebenbei bietet sich hier eine Wiederholung von *doch* an, indem möglichst viele negative Fragen gestellt werden.

B3 Aufgabe B3 bietet abschließend die Möglichkeit, lokale Präpositionen, die Wechselpräpositionen (vgl. Kapitel 5, S. 66/67, S. 70/71) sowie die Ortsadverbien (vgl. Kapitel 2, S. 32) zu wiederholen. Neben der mündlichen Beschreibung der Abbildung von S. 98, ist es sinnvoll – wie immer wenn es um sprachliche Richtigkeit geht – die Abbildung auch schriftlich zu beschreiben, als Hausaufgabe oder – falls KT große Probleme dabei erkennen lassen – auch im Plenum an der Tafel.

E Das Einüben von **Telefonaten** ist ein durchgängiges Lernziel in *Unternehmen Deutsch*. Hier erfolgt es zunächst in gebundener Form entlang der Dialogvorgabe im Lehrbuch, wird dann aber freier. Das in der linken Verzweigung angebotene Telefongespräch entspricht dem Ablauf des Telefongesprächs in Aufgabe C. Die hier offen gehaltenen Fragen der Frau Hörbiger können zunächst mit einem bestimmten Inhalt (*Tresor, Notebook* usw.) gefüllt werden, danach können KT auch selbst etwas erfinden.

Die angemessene Sozialform sind Dreiergruppen, in denen KT die Rollen ständig wechseln und beide angebotene Varianten des Gesprächs praktizieren. KT, die gerade die Rolle der Sekretärin spielen, können jeweils ihrem stärker geforderten Partner ein wenig helfen. KL geht umher und hilft vorsichtig.

Lösungen

A1 die Unsicherheit • eine feste Arbeitszeit

A2 **Vorteile:** Kosten sparen • Kundenberater näher an den Kunden • Kundenberater arbeiten eigenverantwortlich • das motiviert • flexible Arbeitszeiten • selbstständige Arbeit • spart Fahrtkosten • **Nachteile:** einsam • arbeitet mehr als im Büro • bei Kosten aufpassen müssen

B1 Sitzballstuhl • Hängeregistratur • Aktenvernichter • DSL-Anschluss

C 1 ein Auto: einen Mercedes Kombi • ein Notebook • einen großen Schreibtisch • ein Faxgerät • 70% von den Kommunikationskosten • andere Betriebskosten • 2 Tresor • Vorschuss • 3 nicht üblich • zu kompliziert • 4 Fahrtkostenabrechnung

Drei Versicherungen, drei Länder

→ S. 100/101

Das übergreifende Lernziel des Kapitels, **Vergleiche** anzustellen, tritt auf dieser DS wieder in den Vordergrund. Die attributive Verwendung von Komparativ und Superlativ wird verdeutlicht. In diesem Kontext wird die Adjektivdeklination mit dem bestimmten Artikel eingeführt (vgl. auch den Grammatiküberblick auf S. 106). KL sollte bei dieser Gelegenheit auf die Übersichtlichkeit der vorkommenden Endungen −e und −en hinweisen; zur Klärung sollte KT die Grammatikübersicht an die Tafel oder auf OHP-Folie schreiben und gemeinsam mit KT leicht zu merkende Regelmäßigkeiten farbig markieren (im Nominativ immer −e, im Dativ und im Plural immer −en usw.).

Da das Training sprachlicher Richtigkeit am besten in der schriftlichen Produktion aufgehoben ist, bieten sich auf dieser DS wenigstens zwei Aufgaben zu Schreibübungen an, Aufgabe A4 und D2. Wenn die Schreibübungen sehr kurz gehalten werden, können sie auch direkt im Unterricht durchgeführt werden.

 Die drei Texte sollen im Detail verstanden werden. Deshalb kann ihr Inhalt nach Aufgabe A2 auch gut reproduziert werden.

Für eine **mündliche Reproduktion** bieten sich verschiedene Möglichkeiten an:

* Arbeitsteilige Erstellung von Stichwortgerüsten (*Textskizzen* − vgl. die Präsentation dieser Technik im Arbeitsbuch, S. 131), die von KT in Gruppen oder im Plenum zur Vorstellung der jeweiligen Person verwendet werden. (Zusammenhängendes Vortragen ist neben dialogischem Sprechen eine wichtige Fertigkeit für den beruflichen Alltag.)
* Arbeitsteilige Ausarbeitung von Detailfragen zu je einem Text (oder vergleichend zu zwei Texten), die dann einer anderen Gruppe gestellt und von dieser beantwortet werden müssen. Bei der schriftlichen Erarbeitung der Fragen kann KL umhergehen, helfen und korrigieren. Die schriftliche Fassung bietet auch schwächeren oder unsicheren KT die Möglichkeit, Fragen zu stellen und ein Erfolgserlebnis zu haben.

 Die Fragen von Aufgabe A4 können auch im Plenum oder in Kleingruppen zusammenhängend durch kleine monologische Darstellungen einzelner KT beantwortet werden. Als Hausaufgabe können sie schriftlich mit einem kleinen, zusammenhängenden Text beantwortet werden.

 Bei Aufgabe D2 trainieren KT ebenfalls das zusammenhängende Vortragen. Wie schon bei Aufgabe A4 bietet es sich an, in PA ein Stichwortgerüst zu erstellen, anhand dessen KT im Plenum oder anderen Zweiergruppen ihre Vergleiche vorstellen.

Lösungen

A1   Köln • Bonnerin • Zürich • Züricher

A2   1 Herr Pfaffinger ist der älteste Angestellte. • Herr Kaegi ist der jüngste Angestellte.
2 Herr Pfaffinger lebt mit seiner jüngsten Tochter zusammen. • Herr Löhken lebt mit seiner Frau und seiner Tochter zusammen.
3 Herr Pfaffinger: drei Kinder • Herr Löhken: ein Kind • Herr Kaegi: keins
4 Herr Pfaffinger: in der größten Stadt, Wien • Herr Löhken: in der kleinsten Stadt, Bonn

A3   **Zürich:** dreihundertsechzigtausend • **Bern:** (ein)hundertsechsunddreißigtausendsechshundert • **Bonn:** dreihundertelftausend • **Köln:** eine Million zwanzigtausend

B

Name:	Herr Kaegi	Herr Pfaffinger	Herr Löhken
Versicherung:	Basel Versicherung AG	Colonia AG	Global Versicherungs-AG
Land:	Schweiz	Österreich	Deutschland
Gründungsjahr:	1925	1879	1951
Geschäftsstellen:	87	47	64
Bereiche:	KFZ-Haftpflicht, Personen-Haftpflicht- und Sachversicherung	Kranken-, Sach- und Haftpflichtversicherung	Kranken- und Lebensversicherung
Mitarbeiter:	3 900	770	1 500
Verträge:	2,86 Mio.	760.000	1,25 Mio.
Jahresumsatz:	1.050 Mio. €	240 Mio. €	684 Mio. €

Zwei Städte

→ S. 102/103

A3 Im Zusammenhang mit der Reproduktion des Textinhalts bzw. einer kleinen Vorstellung dieser beiden sehr verschiedenen Städte empfiehlt sich wieder eine Projektion der Bilder, sodass bei der Präsentation in Aufgabe **A3** darauf Bezug genommen werden kann. Falls das nicht direkt möglich ist, wird auf die Bildnummer verwiesen: *Bild 1 zeigt ...*
Weitere landeskundliche bzw. wirtschaftsgeografische Informationen über die beiden Städte sowie Links im Internet finden sich auf den beiden anschließenden Journalseiten, S. 104/105.

B Falls Zeit vorhanden, ist hier der Vergleich des Verhältnisses von Einwohnerzahl zu Beschäftigtenzahl interessant. Er zeigt, dass sehr viele Menschen nach Zürich pendeln, während dies in Coburg in viel geringerem Umfang der Fall sein muss.

E1 Unter Berücksichtigung von Länge und Schwierigkeitsgrad des **HV-Textes** ist folgendes **Vorgehen** sinnvoll:
- KL lässt die beiden kurzen Texte, die der Vorentlastung dienen, laut lesen und ihren Inhalt wiedergeben und beseitigt Unklarheiten. (Herr Kaegi ist bereits von der DS davor bekannt. Herr Breitenhuber hat länger studiert, da er promoviert hat.)
Anschließend fordert KL bei geschlossenem Buch zu Vermutungen auf, wie z. B.:
Was denken Sie: Leben die beiden Männer gern in ihrer Stadt?
Möchte Herr Breitenhuber lieber in Zürich arbeiten?
- Bei weiter geschlossenen Büchern hören KT den ganzen Text und beantworten Fragen von KL zum Globalverständnis: *Wo sind die beiden? Worüber sprechen die beiden?*
Außerdem können Vermutungen aus der Vorentlastungsphase verifiziert werden.
- KT lesen die Aussagen 1 bis 14 und klären gemeinsam, ob es sich bei den Aussagen jeweils um pro- oder contra-Argumente handelt.
- KT hören den Text zum zweiten Mal und kreuzen die vorkommenden Argumente an.
- KT hören den Text zum dritten Mal, ergänzen bzw. korrigieren ihre Lösung. Anschließend wird das Ergebnis im Plenum besprochen. Falls es viele Probleme mit dem HV gab, spielt KT den Text noch einmal vor, damit KT das Ergebnis noch einmal abgleichen können.

Lösungen

A1 B Bild: 4 (Zürich) • C Bild: 1 (Coburg) • D Bild: 6 (Zürich) • E Bild: 3 (Coburg) • F Bild: 2 (Zürich)

A2 1f: Die Börse in Zürich gibt es seit über 150 Jahren. • 2f: Zürich ist ein europäisches Wirtschaftszentrum. • 3r • 4 r • 5f: In Coburg gibt es viele kleinere und mittlere Unternehmen. • 6r • 7f: Bei der (Versicherung) HUK-Coburg arbeiten 3700 Menschen. • 8f: Die Burg über Coburg ist 800 Jahre alt. • 9f: Die Schweizer Börse gehört zu den modernsten in der Welt.

E1

	kommt vor	pro	contra
1	X		X
2	X	X	
3	X		X
4	X		X
5	X	X	
6	X	X	
7	X		X
8	X		X
9	X	X	
10		X	
11	X		X
12	X	X	
13	X	X	
14		X	

Aufgaben über Aufgaben

→ S. 108/109

Die Lernziele der DS sind:

- zeitliche Abläufe darstellen
- Zeitpunkt und Zeitdauer angeben
- die informelle/mündliche Uhrzeit (*halb acht* ↔ *7.30 Uhr / 19.30 Uhr*)
- Grammatik: Wortstellung im Hauptsatz bei Aufzählungen (Aufgabe **B3**)
- Der Schwerpunkt *zeitliche Orientierung* findet auf der folgenden DS, S. 110/111, seine Fortsetzung mit den temporalen Präpositionen (Aufgabe **B**).

 Neben diesen offensichtlichen Lernzielen verbirgt sich in Aufgabe **B** ein weiteres: **Notizen machen** und **Notizen versprachlichen**. Es handelt sich dabei um eine im Berufsleben wichtige Fertigkeit: Notizen von Gesprächen und Vorträgen machen, Protokoll führen und Protokolle anfertigen oder – wie hier – Einträge in den Terminkalender machen. Je nach Interesse und Bedarf kann dieses Thema zum Gegenstand des Unterrichts gemacht oder der Eigenarbeit überlassen werden. Diese Option eröffnet das **Arbeitsbuch,** in dem dieses Anliegen in mehreren Übungen aufgegriffen wird:

Übung 2 zu DS 108/109, Arbeitsbuch S. 94:

2a) Angaben aus einem Volltext entnehmen und als Notizen in einen Kalender eintragen

2b) aus Kalendereinträgen einen Text machen

Übung 5 zu DS 110/111, Arbeitsbuch S. 97, verfolgt dasselbe Anliegen mit einer weiteren Differenzierung:

5a) Notizen mit Hilfe von Infinitiv- und Nominalphrasen erstellen

5b) aus ganzen Sätzen Notizen machen

5c) Folgerichtig schließt sich eine Übung zur Bildung von Nomen bzw. der dazugehörigen Verben an.

Übung 1 zu DS 114/115, Arbeitsbuch S. 100:

1a) aus Volltexten Notizen erstellen

1b) aus Notizen Volltexte machen

1c) einen Ablaufplan verschriftlichen

Die Funktion des Arbeitsbuchs ist **Wiederholung, Vertiefung** und **Erweiterung** der im Lehrbuch angelegten Lernziele. Die oben genannten Übungen eröffnen die Möglichkeit, das im Lehrbuch angelegte Lernziel im Unterricht zu erweitern bzw. zu vertiefen oder in Form von Hausaufgaben zu trainieren. Wenn KT üblicherweise Hausaufgaben machen und KL diese kontrolliert, dann kann die Arbeit mit dem Arbeitsbuch weitgehend häuslicher Eigenarbeit überlassen werden. KL entscheidet von Fall zu Fall, ob und in welchem Umfang er die Angebote des Arbeitsbuchs in den Unterricht einbezieht oder ob er lediglich für die häusliche Nacharbeit darauf verweist.

Lösungen

A1 2d • 3b • 4a • 5f • 6e

B2 3 um halb eins 5 um zwei (Uhr) 6 um Viertel vor drei 7 um 17 (Minuten) nach vier
8 um 12 (Minuten) vor sechs 9 um fünf (Minuten) vor halb elf

B3

Dann	ruft	Herr Sommer SysServe	an.
Um Viertel nach zehn	bereitet	er die Unterlagen für Hamburg	vor.
Um halb eins	begrüßt	er Herrn Prantl aus Bern.	
Um zwei	bestellt	er ein Taxi zum Flughafen.	
Um Viertel vor drei	fährt	er zum Flughafen	ab.
Um siebzehn nach vier	fliegt	er mit der LH 048	ab.
Um fünf vor halb sechs	kommt	er in Hamburg	an.
Zum Schluss	trifft	er Frau Röder von der Allianz im Hotel.	

E1 1 Herrn Prantl schon um 9.30 begrüßen. • 2 Herrn Prantl informieren, dass er ihn um 9.30 begrüßen kann. • 3 Taxi zum Flughafen bestellen (15.00) • zum Flughafen fahren (15.45) • 4 **Vorteile:** mehr Zeit für die Vorbereitung der Unterlagen für Hamburg (10.15–13.00) • mehr Zeit für das Mittagessen (13.00–15.00) • **Nachteil:** Besprechung im Vertrieb nur 30 Minuten (9.00–9.30)

Herr Sommer, Sie sollen ...

→ **S. 110/111**

Sozialformen

Die Ausführung einer wirklichkeitsnahen Sprachhandlung sollte immer in eine wirklichkeitsnahe Situation eingebettet sein. Es ist aber nicht wirklichkeitsnah, einen Firmenbesucher zu begrüßen, eine Einladung auszusprechen, im Restaurant zu bestellen oder einen Vortrag zu halten, während man auf dem Stuhl sitzt und sich an den Kursnachbarn links oder rechts wendet. KT müssen dazu aufstehen, sich entgegengehen, sich in die Augen blicken, um einen Tisch herum sitzen, sich an eine hinzutretende Person wenden, die ihrerseits die Aufmerksamkeit der Sitzenden auf sich lenkt, ein Auditorium formell ansprechen usw. Das gilt besonders für die Einstiegsphase und die abschließende Anwendungsphase in *Unternehmen Deutsch*.

  In Aufgabe **A** geht es um die Übermittlung einer Anweisung oder eines Dienstauftrags durch einen Dritten mit Hilfe des Modalverbs *sollen*. Die dieser Situation zugrunde liegende Konstellation verdeutlichen die Abbildungen: Es sind jeweils nur zwei Personen zugegen, zunächst wendet sich die auftraggebende Person (Chef) an die übermittelnde Person (Sekretärin), dann wendet sich die übermittelnde Person (Sekretärin) mit dem Auftrag an die beauftragte Person (Herr Sommer). Damit KT das situativ verdeutlicht werden kann, dürfen die drei beteiligten KT nicht beieinander stehen. Der Auftrag wird von KT 1 (z.B. Chef) zu KT 2 (z.B. Herr Sommer) durch KT 3 (z.B. Sekretärin) übermittelt. KT 1 und 2 haben keinen direkten Kontakt, KT 3 muss von KT 1 zu KT 2 gehen.
KT wechseln die Rollen und suchen sich wechselnde Ansprechpartner für ihr Anliegen in der Lernergruppe. Das ist mit der Arbeitsanweisung *Spielen Sie zu dritt ähnliche Dialoge* gemeint. Das Gelingen der Übung und damit des Unterrichtseinstiegs hängt von der sorgfältigen Organisierung dieses Übungsablaufs ab.
Die Auflösung der Sitzordnung sollte nicht die Ausnahme, sondern die Regel eines kommunikativen Unterrichts mit *Unternehmen Deutsch* sein. Sie sollte wenigstens ein oder zwei Mal pro Doppelstunde erfolgen. Denkbar sind auch Unterrichtsstunden, die überwiegend nicht sitzend vonstatten gehen.

  Der Inhalt der Aufgabe **A** scheint sich hier zu wiederholen. Allerdings hat sich jetzt, in der Festigungsphase, der Schwerpunkt verlagert. In **A** wurde die Bedeutung von *sollen* wesentlich mit Hilfe der Sozialform geklärt. In der Aufgabe **B3** geht es nun um das Einüben, Einschleifen der Struktur. Das schlägt sich in der veränderten Sozialform nieder: Angestrebt ist eine Reihenübung, in der KT die Stafette sicher und mit wachsender Beschleunigung an den nächsten weitergeben. Voraussetzung ist eine U- oder kreisförmige Sitzordnung, z.B.: KT 1 sagt zu KT 2: *Herr X sagt, du sollst Urlaub machen.* – KT 2: *Ab wann soll ich ...?* – KT 1: *Ab sofort.* – KT 2: *Aha, danke.* KT 2 wendet sich nun an KT 3: *Frau Y sagt, du sollst ...* – KT 3: *Und ab wann ... ?* usw.
In der Unterrichtseröffnung ist das Tempo langsam, KT tasten sich langsam an Inhalt und Form der verlangten Äußerung heran; KL beobachtet, hilft zurückhaltend, korrigiert wenig. Mit der Zeit sollten KL und KT stärker auf formale Richtigkeit und Flüssigkeit achten, wobei sich langsam auch das Unterrichtstempo erhöhen sollte.

Lösungen

B1 Herr Sommer soll für Herrn Fessel nach München fahren. Das sagt der Chef. Herr Sommer ist (am Ende) einverstanden.

B2 2 ab morgen 3 Ende Juli 4 zwei Wochen 5 zwei Tage 6 in zwei Tagen 7 vor drei Stunden 8 seit drei Stunden 9 seit halb neun

B4

Übermorgen	sollst	du nach Hamburg	fahren.
In einer halben Stunde	sollst	du zu Herrn Müller	kommen.
In drei Tagen	sollst	du Urlaub	machen.
...	...	...	...

E

Montag	Dienstag	Mittwoch	Donnerstag	Freitag
9.30 Begrüßung Prantl 13.00 Mittagessen 15.45 Taxi zum Flughafen 17.17 Abflug 19.30 Frau Rödner (Hotel)	Urlaub Fessel (14 Tage) Gespräche in Hamburg	Gespräche in Hamburg nach München	München	München

Reiseplanung

→ S. 112/113

In Teil 1 des Kapitels (DS 108/109) ging für Herrn Sommer noch alles seinen gewohnten Gang. In Teil 2 (DS 110/111) musste er seine Terminplanung dem Zusatzauftrag anpassen. Hier (DS 112/113) geht es um die Berücksichtigung der neuen Termine bei der Reiseplanung. In diesem Zusammenhang steht der Anruf beim Geschäftspartner in München in Aufgabe **B**.

Durchnahme von Hör- und Lesertexten

Im Allgemeinen raten wir, bei der Bearbeitung von Lese- und Hörtexten **nicht über die im Buch angebotene Aufgabenstellung hinauszugehen**. Grundsätzlich dienen Lese- und Hörtexte dem Training von HV und LV mit verschiedenen Zielen:
- globales Verstehen
- Heraussuchen von Einzelinformationen (selektive Rezeption)
- Detailverstehen
- Gewinnung von Sprachmitteln zur produktiven Anwendung.

 Die Didaktisierung des Telefondialogs in Aufgabe **B** verfolgt mehrere dieser Zielsetzungen:
B1: Selektive Entnahme von Eckdaten der Reiseplanung und damit die wiederholende und erweiternde Präsentation der informellen Uhrzeit.
B2: Damit steht das Material zur produktiven Wiedergabe der entsprechenden Angaben aus dem Telefonat unter Anwendung des auf S. 111, Aufgabe **D**, eingeführten Redemittels *nicht ... sondern* zur Verfügung.
B3: Annäherung an das Detailverstehen: Zuordnung der nicht hörbaren Redeanteile des Gesprächspartners.
Anschließend bietet Übung 5 im Arbeitsbuch, S. 99, die Möglichkeit zu einer schriftlichen Übung zu Hause bzw. dient als Anlass für eine wirklichkeitsnähere PA im Unterricht.
Hinzu kommt noch die Verwendung der aus dem Dialog gewonnenen Angaben für Aufgabe **C**. Eine weitere Didaktisierung über diese intensive Verwertung hinaus würde den Text „totreiten". Vorsicht ist auch deshalb geboten, weil zu ausgedehnte Rezeptionsphasen zu Lasten der wichtigen produktiven Phasen gehen.

 Zugleich gelten bei Aufgabe **B1** die allgemeinen Regeln zur Durchnahme von Hör- (und entsprechend auch Lese-)texten:
- Kenntnisnahme der Aufgabenstellung, hypothetische Lösung
- Hören (bzw. Lesen), Überprüfen der hypothetischen Lösung, Zeitbegrenzung bei Lösung der Aufgaben
- Nach Ablauf der Zeitvorgabe zweiter Durchlauf zum Lösen der verbliebenen Aufgaben bzw. zur Überprüfung der Lösungen
- Besprechung der Lösung in Form einer geordnete Wiedergabe, also nicht KL: *1?* – KT: *b)* – KL: *2?* – KT: *b)* usw., sondern: *Herr Sommer kommt nicht mit dem Flugzeug nach München. Er kommt nicht mit dem Auto nach München. Er kommt mit dem Zug nach München.*
- produktive Anwendung der Lösungen (**B2**)

 Aufgabe **C** steht in lockerem Zusammenhang mit dem Lernziel der DS 108/109 *Notizen anfertigen und versprachlichen*. Daher kann der Text auch als Übungsvorlage genommen werden, anhand von Notizen frei zu sprechen, z. B. *Am Dienstag und Mittwoch hat Herr Sommer Verhandlungen in Hamburg.*

Lösungen

B1 1b • 2b • 3c • 4a
B3 3 • 1 • 6 • 2 • 5 • 7 • 4 • 8
C 1 Mittwoch 2 Donnerstag, 9.00 Uhr 3 Mittwochabend • Nachtzug 4 einmal umsteigen
5 Ankunft 6 neun Uhr

Viel zu tun

→ **S. 114/115**

 Aufgabe A enthält **zwei Lernziele**:
- **Abfolge/zeitliche Reihenfolge** (in Ergänzung zu DS 108/109: *zuerst, dann, zum Schluss*), hier mit der Wendung *Als Erstes, Als Zweites, Als Drittes ...* (siehe hierzu auch Kapitel 9, S. 122, Aufgabe B)
- **Begründung** (hier: Begründung der Reihenfolge); dazu wird der *weil*-Satz und damit die Nebensatzstruktur eingeführt. Sie wird in Aufgabe A präsentiert, von KT nachgeahmt und in Aufgabe B bewusst gemacht.

Das Lernziel *Begründen* wurde bereits auf S. 108, Aufgabe A1, eingeführt: Zuordnung von Begründungen und zugehörigen Aufgabenstellungen. Das Material aus dieser Aufgabe greift Übung 2 im Arbeitsbuch, S. 101, auf, um so Nebensätze mit *weil* zu üben. Außerdem wurde das Lernziel *Begründen* durch DS 112/113 – Begründung mit einem unverbundenen Hauptsatz (*Herr Sommer soll mit dem Zug fahren. Das ist billiger.*) und mit *dann* (*Er soll den Nachtzug nehmen. Dann kann er im Zug schlafen.*) – eingeführt.

 Klammermarkierung

Zur Kennzeichnung der Verbstellung im Hauptsatz tauchte die Klammermarkierung erstmals in Kapitel 4, S. 55, als *Satzklammer* auf (vgl. S. 27):

	Satzklammer		
Position 1	Verb (konjugiert)	...	inf. Verb(teil)

Die Klammermarkierung wird hier und im Weiteren auch zur Kennzeichnung der „Einklammerung" des Nebensatzes durch Konjunktion und Verb verwendet:

		Nebensatz		
Hauptsatz	,	Konjunktion	...	inf. Verb(teil)	Verb (konj.)

Die Anschaulichkeit des Bildes der *Klammer* ist für KT nur nützlich, wenn ihnen die Unterschiede beider Erscheinungen klar sind. Am besten stellt KL dazu die beiden oben genannten Strukturen an der Tafel gegenüber. Wie für den Hauptsatz gilt auch für den Nebensatz: Die Regelstruktur schließt finites und infinites Verb(teil) (Infinitiv, Partizip, trennbare Vorsilbe) ein. Die Position des infiniten Verb(teils) bleibt zuweilen unbesetzt.

dringend – wichtig

Nach diesen Kategorien teilt ein effizientes Zeitmanagement die Aufgaben ein, die sich im beruflichen und privaten Alltag stellen:
- **wichtig:** langfristige, strategische Ziele
- **dringend:** kurzfristig zu Erledigendes

Daraus lassen sich Prioritäten ableiten:

1. Priorität: wichtig und dringend (Beispiel: Das Haus brennt, die Feuerwehr rufen, S. 108, A, und S. 114, B, weil es lebenswichtig und deshalb unaufschiebbar ist.)

2. Priorität: wichtig, aber nicht unbedingt dringend (Beispiel: Den Marketingplan für das kommende Jahr erstellen.)

3. Priorität: dringend (Beispiel: die Praktikantin informieren, einen Anruf beantworten)

Die Lebenspraxis zeigt vielfach, dass die (tatsächlich oder scheinbar) dringenden Angelegenheiten die Zeit für die wichtigen Entscheidungen der 1. und 2. Priorität verschlingen. Es gilt, das Verhältnis umzukehren. Die Journalseiten zu Kapitel 8, S. 118/119, bieten weitere Möglichkeiten, sich mit dieser Thematik zu beschäftigen.

Lösungen

B1 2 Geschenk für den Chef: wichtig • nicht dringend • 3 Praktikantin Plan geben: nicht wichtig • dringend • 4 Angebot für die Allianz schreiben: wichtig • nicht dringend • 5 einen Kaffee trinken: nicht wichtig • nicht dringend

B2 ... weil er Geburtstag hat. • ... weil es dringend ist. • ... weil es wichtig ist. • ... weil ich in diesen Tagen keine Zeit habe.

C1 1 Freitag 10.00 Uhr 2 eine Woche später 3 Kollege Heinz und Frau Schwanitz 4 Herrn Sommer antworten 5 Die Verschiebung hat auch Vorteile. 6 ein Kollege 7 Michael Sommer (*Gebe* = 1. Pers. Sg.)

C2 1 ..., weil er den Termin am Freitag absagen muss. 2 Er sagt den Termin ab, weil er einen dringenden Termin in Hamburg hat. 3 Der Termin kann eine Woche später stattfinden, weil er dann wieder zurück ist.

Ein verrückter Tag – nichts hat geklappt! → S. 116/117

Entsprechend der Kapitelstruktur in *Unternehmen Deutsch* führt die letzte DS keine grundlegend neue Grammatik oder umfangreichen neuen Wortschatz mehr ein, sondern erweitert bekannten Stoff behutsam und wendet ihn an:

- Die Modalverben einschließlich *sollen*, schrittweise ab Kapitel 4 eingeführt, werden hier zusammengeführt.
- Die Vergangenheit der Modal- und Hilfsverben (ab Kapitel 2 eingeführt) werden zusammenfassend präsentiert.
- Der Dativ als Objektkasus wurde mit dem Verb *gefallen* bereits auf DS 96/97 verwendet und ist als Kasus nach der Präposition *mit* aus Kapitel 6 bekannt; Aufgabe **C** knüpft daran an.

 Vergangenheit

Die Grammatikübersicht zum Präteritum zeigt lediglich die **Formen** der Modal- und Hilfsverben. Die darüber stehende Zuordnungsübung **B1** verweist darüber hinaus auf die **Verwendungsweise**: Die Modal- und Hilfsverben drücken die Vergangenheit ganz überwiegend mit dem Präteritum aus, auch da, wo die meisten Vollverben die Vergangenheit mit dem Perfekt ausdrücken. Zusammenfassend lässt sich sagen:

- Modal- und Hilfsverben: praktisch immer im Präteritum, nur ausnahmsweise im Perfekt (Letzteres deshalb in *Unternehmen Deutsch* weder im *Grund*- noch im *Aufbaukurs* berücksichtigt.)
- Einige Vollverben schwankend: z.B. *brauchte – hat gebraucht, wusste – hat gewusst, ging – ist gegangen* (Das *ging* leider nicht. – Er *ist* nach Hause *gegangen*.).
- Die meisten Vollverben: im Perfekt, Präteritum abhängig von der Textsorte (Berichte, literarische Texte; siehe dazu *Unternehmen Deutsch Aufbaukurs*)

KL thematisiert zum jetzigen Zeitpunkt: Vollverben im Perfekt, Modal- und Hilfsverben im Präteritum (vgl. Hinweise zu Perfekt und Präteritum, S. 16).

 Arbeit mit dem Datenblatt

Zum jetzigen Zeitpunkt dürfte KT der Umgang mit den Datenblättern geläufig sein. Da mag es verwundern, dass die Aufgabenstellungen hier und in den anderen Datenblättern des Kapitels 8 verhältnismäßig einfach sind. Während in früheren Kapiteln umfangreichere Formulierungsaufgaben gefordert oder Schreiben und Sprechen miteinander verknüpft waren, verlaufen Frage und Antwort hier entlang enger Dialogvorgaben. Die Aktivität kommt einer Drillübung nahe, in der **Flüssigkeit** und **Sicherheit** im Vordergrund stehen. Um das zu gewährleisten, unterfordert die Aufgabe KT tendenziell und stellt insofern eine willkommene **Entlastung** im Unterrichtsprozess dar. Sie ist mit einer Lockerungsübung im sportlichen Training vergleichbar. Dort werden Kniebeugen oder Liegestütze nicht verschmäht, weil man sie schon vier oder fünf Mal gemacht hat; der Übungseffekt ergibt sich erst aus einer ausreichenden Zahl von Wiederholungen des Immergleichen. Was im Sport unbestritten ist, ist im Sprachunterricht oft umstritten. Aussagen von KT wie *Wir sind fertig.* oder *Das war nicht schwer.* sollte KL nicht ohne Weiteres hinnehmen. Hier und bei anderen leicht von der Hand gehenden Partnerübungen wäre es angebracht, die Rollen A und B ein oder zwei Mal zu tauschen, (zunächst) ohne über die angebotenen Anwendungsfälle hinauszugehen.

E Folgender **Ablauf** ist für das Gelingen der Übung wichtig:
Es werden Gruppen von bis zu sieben KT gebildet: sechs Abteilungsmitarbeiter und ein „Kollege". Der Kollege sucht den Besucher.
Der „Kollege" wird vor jeder Runde vor die Tür geschickt. Die anderen einigen sich darauf, wo der Besucher sich aufhält / zu finden ist.
Der „Kollege" wird hereingerufen und fragt zum Beispiel in der EDV bei Frau Müller nach Frau Schwanitz. Die schickt ihn weiter: Der „Kollege" sollte zunächst mehrmals an die falsche Adresse geschickt werden, damit die Suche nicht zu schnell beendet ist. Sobald der Besucher gefunden ist, beginnt eine neue Runde.

Lösungen

B1   2a • 3b • 4e • 5d
C2   ihr • ihr • mir • dir • ihr • ihr

Einweisung für Frau Carlson

→ S. 122/123

Die Handlungsorientierung von *Unternehmen Deutsch* erfordert die wirklichkeitsnahe Gestaltung des Unterrichts. Folglich wird der Unterricht lebendiger und einprägsamer, wenn die Arbeitsschritte in einigen Übungen auf dieser DS an einem PC mit Peripheriegeräten durchgenommen und demonstriert werden, sodass eine Semantisierung durch quasi praktisches Handeln erfolgen kann.

A Die Aufgabe **A** greift das Lernziel **Reihenfolge** (vgl. Kapitel 8, S. 108/109: *Zuerst, Dann, Zum Schluss*; S. 114/115: *Als Erstes, Als Zweites, ...*) wieder auf, das dann in Aufgabe **B** um die Sprachmittel der Aufzählung (*Erstens, Zweitens, Drittens, ...*) erweitert wird.

Wie die Arbeitsanweisung von Aufgabe **A1** andeutet, hat das **Unterrichtsgespräch** über eine plausible Abfolge der Arbeitsschritte (*Diskutieren ...*) Vorrang gegenüber der Lösung (*... und nummerieren Sie.*). KL bildet Gruppen, die nach angemessener Zeit ihre Ergebnisse vortragen. KL vermeidet dabei eine überstürzte Diskussion über die Frage, was richtig oder falsch ist, und lässt zunächst verschiedene Lösungen nebeneinander stehen. Nicht die Sache steht im Vordergrund, sondern die sprachliche Bewältigung der Situation. Zudem motiviert es zusätzlich das HV in Aufgabe **A2**, wenn die Lösung nicht vorweggenommen wird, sondern der Auswertung des Dialogs überlassen wird.

B Bei einer Einweisung erhält der Mitarbeiter erste notwendige Informationen, um ihn in die Lage zu versetzen, die Arbeit aufzunehmen. Dabei besteht auch bei Muttersprachlern häufig das Problem, dass der Eingewiesene dem Einweisenden passiv gegenübersteht und – unabhängig vom tatsächlichen Verständnis – den Eindruck von Gleichgültigkeit, Verständnislosigkeit oder Antriebsschwäche vermittelt. In Mitarbeiterschulungen wird daher häufig das aktive Zuhören trainiert: Interesse zeigen, Verständnis signalisieren, nachfragen, Informationen wiederholen und bestätigen.

Die entsprechenden sprachlichen Mittel werden über Aufgabe **B** hinaus in Aufgabe **C4** – unter Einbeziehung des in **C1** bis **C3** erarbeiteten Materials – sowie in der zugehörigen Übung 4 im Arbeitsbuch, S.109, eingeführt und geübt. Auch in der Anwendungsübung **E**, die zweckmäßigerweise in PA ablaufen sollten, sollten KT die Technik des aktiven Zuhörens anwenden und auf die in Aufgabe **B** und **C4** vorgeschlagenen Wendungen zurückgreifen.

Ähnliche Techniken sind bei Kontaktaufnahme, Vorstellung und Small-Talk erforderlich, zum Beispiel Kapitel 10, S. 143, Aufgabe **G3**.

Lösungen

A1 7 • 5 • 4 • 3 • 1 • 6 • 2

A2 1 eine Mitarbeiterin • 2 im Vertrieb • 3 Die Mitarbeiterin weist die Praktikantin ein / erklärt der Praktikantin die Arbeit mit dem PC. • 4 das Drucken • 5 Texte schreiben • Tabellen-kalkulation benutzen • **6 Schritt 1**: den Rechner (PC) / Bildschirm einschalten • **Schritt 2**: den Benutzernamen eingeben • **Schritt 3**: die Eingabe bestätigen • **Schritt 4**: die Eingabetaste drücken

C1 **Abb. 1**: Punkt 1 • **Abb. 2**: Punkt 2 • **Abb. 3**: Punkt 4 • **Abb. 4**: Punkt 3

C2 Zweitens: Den Drucker an den Computer anschließen. • Drittens: Den Netzadapter an den Scanner anschließen. • Viertens: Den PC einschalten, die Installations-CD-ROM einlegen und die Installation starten.

C3 1c • 2b • 3d • 4a • 5f • 6e • 7g

Was ist da passiert?

→ S. 124/125

Die Einführung des **Wortschatzes** in *Unternehmen Deutsch* ist von der Frage geleitet: Was ist im jeweiligen Handlungsfeld das produktivste Sprachmittel? Das heißt, die angebotenen Wörter, Wendungen, Ausdrücke sollen im gegebenen Zusammenhang am angemessensten, am häufigsten und auf möglichst viele Situationen übertragbar sein. Das schließt nicht aus, dass etwa berufssprachlich wichtige, bedeutungsnahe Begriffe differenziert eingeführt und voneinander abgegrenzt werden sowie ihr Bedeutungskern semantisiert wird.

Ein Beispiel dafür sind die im Zentrum dieser DS stehenden Begriffe *Störung – Beschädigung – Defekt* eines Geräts, einer Maschine, eines Fahrzeugs o. Ä. Häufig behelfen sich Lerner und Unterrichtende mit dem Allerweltsbegriff *Problem*, wenn es um unliebsame Zwischenfälle geht. Das ist aber besonders im beruflichen Umfeld unscharf und unangemessen.

Die Aufgaben A und B dienen vor allem der Semantisierung der drei Begriffe:

- **Störung:** Funktionsunfähigkeit, aber nicht wegen einer Beschädigung oder eines Defekts, sondern aufgrund äußerer Einflüsse (z. B. Stecker nicht eingesteckt, Batterie leer, zu voll, Fehlschaltung, ...)
- **Beschädigung:** Schäden durch Unfall, äußere Gewalt, unsachgemäße Behandlung; etwas ist zerbrochen, verbeult, verbogen, ...
- **Defekt:** mechanisches Versagen wegen eines fehlerhaften Teils, fehlender Wartung, falscher Bedienung, ...

Es gibt Überschneidungen in der Bedeutung. Zum Beispiel kann man eine Beschädigung und einen Defekt reparieren; eine zerbrochene Schraube kann man als Beschädigung oder als Defekt bezeichnen. Aber die Abgrenzungen überwiegen: So wäre es präziser zu sagen, die zerbrochene Schraube – Beschädigung! – ist die Ursache für einen Defekt im Motor / im Gerät / in der Maschine; und im Gegensatz zu einem Defekt bzw. einer Beschädigung kann man eine Störung nicht reparieren. Der Begriff *Störung* hat zudem oberbegriffliche Bedeutung, z. B. in der Zusammensetzung *Funktionsstörung*, die Defekt, Beschädigung und Störung umfasst.

Es bietet sich an, die Hilfestellungen der *Wortschatzarbeit* im Arbeitsbuch zur Aufbereitung des Wortschatzes dieses Kapitels zu nutzen: Vielleicht haben KT inzwischen die Ratschläge im Arbeitsbuch, Kapitel 4, S. 52, zum Anlegen eines Vokabelhefts beherzigt, sodass KT thematisch eine Seite zum Thema *Störungen/Beschädigungen/Defekte* in Hinblick auf ihren persönlichen Interessenbereich anlegen können. Außerdem kann hier die Seite *Wortschatzarbeit* von Kapitel 9 im Arbeitsbuch, S. 118, eingeschoben werden: KT machen die dort vorgeschlagenen Übungen zum Erstellen eines Wortfelds und erarbeiten dann Wortfelder zum Thema des Kapitels. KL kann diese Übung mit einem Tafelbild anstoßen, z. B.:

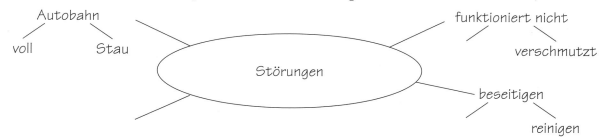

Die Übersicht in Aufgabe B über die Bildung der in diesem Zusammenhang häufig gebrauchten Verbaladjektive – Partizipien, die als Adjektive benutzt und wie diese dekliniert werden – unterstützt diese Aktivität.

Lösungen

A1   1 **Störung:** Bild 3 / evtl. Bild 1 • **Beschädigung:** Bild 2 • **Defekt:** evtl. Bild 1 • 2 **gestört:** Verkehr auf der Autobahn / evtl. Fahrkartenautomat • **beschädigt:** Auto • **defekt:** evtl. Fahrkartenautomat • 3 **Fahrkartenautomat:** unklar • **Auto:** Unfall • **Autobahn:** zu voll, Stau

A2   1 Bahnhof, U-Bahn-Station, ... 2 der Fahrkartenautomat 3 vermutlich eine Störung, vielleicht ein Defekt 4 den anderen Automaten benutzen

B1   beschädigt • zerbrochen • austauschen • Funktioniert • beschädigt

B2   a2 • b4 • c1 • d3 • e5

C1   1 eine Kaffeemaschine 2 Sie ist undicht. 3 Schrauben locker • Gehäuse beschädigt 4 durch Kunden Beschädigung, davor evtl. Defekt

C2   a2 • b3 • c1

C3   ja • hat Garantie wegen Beschädigung vermutlich verloren

D1   1 nein 2 nein 3 ja 4 nein 5 ja

Hilfe, der Computer spinnt!

→ **S. 126/127**

Die DS greift einerseits das Thema *Arbeit mit dem Computer* von DS 122/123 wieder auf und führt andererseits den Komplex *Störung, Beschädigung, Defekt* fort: Auf DS 124/125 geht es um Feststellung und Meldung von Funktionsstörungen, hier auf DS 126/127 um die Ursachenermittlung und auf der folgenden DS um die Wiederherstellung der Funktionsfähigkeit.
Im Zusammenhang mit der Ursachenermittlung ist das Äußern von Vermutungen bedeutsam.

Vermuten

Bereits Kapitel 1, S. 12, führt die Redewendung ein: *Ich glaube, der Mann auf Bild 4 ist Informatiker.* Sie dient dort der Regulierung der Unterrichtskommunikation und ermöglicht die sprachliche Bewältigung von Übungen, die Hypothesenbildung bzw. Vermutungen erfordern. Derartige Übungen kommen regelmäßig in *Unternehmen Deutsch* vor. In Kapitel 1, S. 12, sind es Kleidung und Arbeitsumgebung der abgebildeten Personen, die mehr oder weniger begründete Vermutungen über ihre Berufe zulassen. Das ermöglicht eine aktive Semantisierung der Berufsbezeichnungen. Auf DS 124/125 sind die Fragen zu Aufgabe **A1**, die Frage 3 zum HV **A2** und die Frage 4 zum HV **C1** nicht eindeutig, sondern nur anhand von Indizien vermutend zu beantworten.

Das Äußern von Vermutungen ist ein Element der wirklichkeitsnahen Unterrichtsgestaltung im Lehrbuch (im Gegensatz zur Eindeutigkeit der Arbeitsbuch-Übungen): Das alltägliche Leben, besonders auch der berufliche Alltag verlangt das abwägende Vermuten vielleicht häufiger als eindeutige *So-ist-es*-Feststellungen. Die Aufgaben **A**, **B**, **E** und teilweise **C** greifen u. a. bekannte Redemittel auf und machen sie hinsichtlich ihrer Produktivität für die Mitteilungsabsicht *Vermutungen äußern* bewusst:

- Vermutungen als Frage ausdrücken: *Hast du / Haben Sie ... gemacht/versucht/...?* (Aufgabe **A**, **B2**)
- Äußerungen mit *vielleicht*: *Vielleicht hast du / haben Sie ..., Vielleicht fehlt ... , Vielleicht ist ...* usw. (Aufgabe **A**, **B2**; *vielleicht* erstmals in Kapitel 2, S. 26, Aufgabe **A**)
- *vermuten* mit Hauptsatzanschluss: *Ich vermute, du hast / Sie haben ..., Wir vermuten, es gibt ...* (Aufgabe **B2**; vgl. Kapitel 1, S. 12, Aufgabe **A**: *Ich glaube, er/sie ist ...*)
- *vermuten/glauben/denken/meinen/es ist möglich/es kann sein* mit Nebensatzanschluss: *Ich vermute, dass du ... hast. / dass Sie ... haben. Wir denken, dass es ... gibt.* usw. (Aufgabe **B3**)

Die zuletzt genannte Variante knüpft an die Einführung des Nebensatzes, Kapitel 8, DS 114/115, an. KT sind also nun mit dem *weil-* und dem *dass*-Satz vertraut (vgl. auch die Anmerkungen zur Klammermarkierung, S. 49). Auf der nächsten DS wird der *weil*-Satz, auf der übernächsten DS wird der *dass*-Satz wieder aufgenommen.

Lösungen

A   2 leer 3 im Laufwerk 4 den Druckkopf reinigen 5 abgestürzt 6 eine Verbindung zum Internet 7 gespeichert 8 installiert

B1   1 Eine Diskette ist im Laufwerk. • Das System ist abgestürzt. • Der Monitor ist nicht richtig eingestellt. • Die Festplatte ist defekt. • 2 Nein • 3 Monitor nicht richtig eingestellt • Netzkabel nicht angeschlossen • Signalkabel zwischen PC und Monitor nicht richtig angeschlossen

B3   *Mögliche Lösung:*

Es ist möglich,	dass	das Tastaturkabel nicht an den PC	angeschlossen	ist.
Es kann sein,	dass	eine Taste	klemmt.	
Ich meine	dass	Gegenstände auf der Tastatur	liegen.	
Wir denken	dass	kein Tastaturtreiber	installiert	ist.

D1   Benutzer|name • Lauf|werk • Tastatur|eingabe • Fest|platte • Netz|adapter • Funktions|störung • Stopp|taste • Bild|schirm • Druck|kopf • Benutzer|hand|buch • Netz|kabel • Geschäfts|leitung • Marketing|abteilung • Arbeits|organisation

Störungen beseitigen, Defekte und Schäden beheben → **S. 128/129**

Diese DS folgt der Ablauflogik bei der Behandlung von Funktionsstörungen: melden (DS 124/125), Ursache ermitteln (DS 126/127), Störungen beseitigen, Defekte und Schäden beheben (Reparatur) (DS 128/129). Wie auf der vorigen DS 124/125 ist hier eine semantische Differenzierung wichtig: Defekte und Schäden **beheben** (= reparieren), Störungen **beseitigen**.

Wirklichkeitsnahe Textarbeit

Auf das Prinzip der wirklichkeitsnahen Unterrichtsgestaltung wurde schon mehrfach hingewiesen. Es zeigt sich auch in den Aufgabenstellungen zu den beiden Lesetexten auf dieser Seite:
Aufgabe A: Auszug aus einem PC-Benutzerhandbuch, Abschnitt *Fehlerbehebung*
Aufgabe B: schriftliche Mitteilung über Fehlerdiagnose mit Angeboten zur Behebung des Defekts
Die Arbeitsanweisungen zu den beiden Texten enthalten keine Aufforderung zum *Lesen*. Eine solche Aufforderung ist immer riskant, weil sie als Aufforderung zum *Durchlesen* missverstanden werden kann und das Überfliegen beim Globalverstehen, das gezielte Durchsuchen beim selektiven Lesen einebnet. In diesem Falle wäre es besonders ungeeignet die Texte *durchzulesen,* also durchzuarbeiten, da die Textsorten Bedienungsanleitung bzw. Geschäftskorrespondenz noch weniger als z. B. Zeitungstexte *gelesen*, sondern vielmehr *benutzt* werden.

 Für die Aufgabe **A** bedeutet das: Die für Benutzerhandbücher typische Anordnung verlangt eine Zuordnung von *Problem* und *Lösung*. Daraus ergibt sich folgendes Verfahren der Aufgabenbearbeitung:
- KT nehmen die Aufgabenstellung zur Kenntnis.
- KT 1 sucht sich eine Problemstellung, die er versteht (und nicht diejenige, die er nicht versteht, um KL zu Worterklärungen aufzufordern). KT 2 sucht die Lösung und trägt sie entsprechend dem vorgeschlagenen Redemuster vor. KL ermutigt KT zu Zuordnungen, auch wenn nicht das gesamte Vokabular bekannt ist bzw. verstanden wird und so Zuordnungen fehlerhaft sein können.
- Die anschließende Diskussion im Plenum harmonisiert die Lösungen und unterstützt so die Semantisierung. Nicht alle Elemente müssen zugeordnet werden. Unverstandenes kann unverstanden stehen bleiben. Die Arbeit mit dem Text wird beendet, wenn der Unterrichtsablauf es nahe legt, und nicht, wenn alle Wörter erklärt sind.

B Analog wird der Geschäftsbrief in Aufgabe **B1** nach Informationen durchsucht und im Hinblick auf die Aufgabenstellung ausgewertet. Die Aufgabenstellung steuert die Selektion der relevanten Informationen im Text. Zeitökonomie und Arbeitseffektivität gebieten es, diese Informationen möglichst schnell zu erkennen und festzuhalten. Eine Zeitbegrenzung für die Lösung der Aufgabe unterstützt die dazu notwendige Herangehensweise und verhindert zusätzlich eine grüblerische, übersetzungsorientierte Arbeitsweise.

C Die Mitteilung der Ursache einer Störung, einer Beschädigung oder eines Defekts, die Äußerung einer Ursachenvermutung oder einer Ursachenfeststellung sowie der daraus zu ziehenden Konsequenz erfolgt im Zusammenwirken von *dass-* sowie *weil-Sätzen* und Konsekutivsätzen mit *deshalb. deshalb* deckt sich syntaktisch mit dem begründenden *dann* (vgl. Kapitel 8, DS 112/113); weshalb es in Aufgabe **C1** ebenfalls in diesen Zusammenhang eingebunden wird.

Lösungen

B1   **Feststellung:** Festplatte defekt • Reparatur nicht möglich • **Lösungen:** Festplatte austauschen • neuen PC kaufen

C1   2g • 3b/d • 4c • 5f • 6a/i • 7e • 8b/d • 9h

C2   **Scanner:**
   ▷ Der Scanner hat eine Störung.
   ▶ Was ist denn los? Scannt er nicht?
   ▷ Er reagiert gar nicht.
   ▶ Ich vermute, dass die falsche Software installiert ist. Deshalb scannt er nicht.
   ▷ Richtig, die falsche Software ist installiert. Wir müssen die richtige Software installieren.

Motor:
   ▷ Der Motor ist defekt.
   ▶ Was ist denn los? Ist etwas gebrochen?
   ▷ Er läuft gar nicht.
   ▶ Ich vermute, dass die Benzinleitung verstopft ist. Deshalb läuft er nicht.
   ▷ Richtig. Die Benzinleitung ist verstopft. Wir müssen die Benzinleitung reinigen.

Reparatur oder Neukauf?

→ S. 130/131

Die Überschrift der DS und die Antwort auf das Schreiben von der Firma Kolbe an die Firma SysServe knüpfen an DS 128/129 an und leiten über zu einem neuen Handlungsfeld, nähmlich zu einer Störung im betrieblichen Ablauf: Herr Sommer von der Kolbe GmbH reklamiert eine falsche Lieferung (vgl. auch die mündliche Reklamation auf S. 125, **C**). KT suchen den Fehler bzw. rekonstruieren das Problem (Aufgabe **A2**, **A3**). Aufgabe **D** und **F** erweitern die Spracharbeit wiederum in Hinblick auf Ursachenfeststellung und Lösung. Die bereits eingeführten Sprachmittel (Nebensatz mit *dass* sowie *weil* und Konsekutivsatz mit *deshalb*) werden hier, auf der letzten DS von Kapitel 9, angewendet und so geübt. Es werden keine neuen Strukturen eingeführt.

Da das Berichten im beruflichen Alltag eine sehr große Bedeutung hat, werden KT in den Arbeitsanweisungen zu Aufgabe **A1** und **B1** zum Berichten aufgefordert. Mit dem Perfekt und dem *dass*-Satz stehen KT jetzt die wichtigsten **Sprachmittel des Berichtens** zur Verfügung.

Diese abschließende Anwendungsübung fasst den Stoff des Kapitels in einer Gruppenarbeit zusammen und überträgt ihn auf den Fall der betrieblichen Ablaufstörung sowie der technischen Funktionsstörung:
- Auf den Fall der betrieblichen Störung verweisen die Abbildung links und die Vorgabe 1: Was soll man mit dem unzuverlässigen Mitarbeiter machen?
- Auf den Fall der technischen Störung verweisen die Abbildung rechts und die Vorgabe 2.

Die Stichwörter rechts geben Anregungen zur Bearbeitung weiterer technischer, betrieblicher oder auch privater Zwischenfälle.

Die Vorgaben 1 und 2 beziehen sich lediglich auf den ersten Teil der Aufgabenstellung, nämlich die Benennung des Problems. KT müssen sich die im Kapitel angegebenen Schritte vergegenwärtigen, um die vorgeschlagenen oder selbst gewählten Fälle planvoll zu erarbeiten:
1. Problem benennen und mitteilen.
2. Ursachen ermitteln.
3. Schritte zur Behebung des Defekts, zur Beseitigung der Störung, zur Reparatur des Schadens angeben.
Die Abbildung links zeigt auch die angemessene Sozialform für die Übung an.

Lösungen

A1 *Mögliche Lösung:* Am 28.10.2004 hat Herr Neumann von SysServe ein Angebot geschickt. Am 29.10. hat die Kolbe GmbH telefonisch einen neuen PC bei SysServe bestellt. Dann hat SysServe aber den defekten Rechner repariert. Jetzt reklamiert Herr Sommer die Lieferung. Er bestellt einen neuen PC.

A2 *Mögliche Lösung:* Es hat ein Missverständnis gegeben. / Ein Mitarbeiter hat einen Fehler gemacht. / SysServe hat den Rechner repariert, aber Herr Sommer wollte ... • Das ist noch nicht klar. / Vielleicht bezahlt die Firma Kolbe die Reparatur nicht. / Ich vermute, dass ...

B1 *Mögliche Lösung:*

Herr Neumann vom Verkauf bestätigt,	dass	SysServe keine Bestellung	bekommen	hat.
Frau Schöller findet,	dass	sie damit nichts zu tun		hat.
Sie sagt,	dass	sie von nichts		weiß.
Herr Kramer teilt mit,	dass	er am 29. Oktober krank		war.
Frau Fröhlich aus der Werkstatt sagt,	dass	eine Angebotskopie beim Gerät	gelegen	hat.
Sie sagt,	dass	sie in der EDV nichts dazu	gefunden	hat.
Sie erklärt,	dass	sie das Gerät dann	repariert	hat.

D2 **Fall 1:** 4e • **Fall 2:** 5d • **Fall 3:** 2c • **Fall 4:** 1b • **Fall 5:** 3a

D3 **Fall 2:** Der Kunde zahlt die Reparaturrechnung nicht, weil er ein neues Gerät wollte. Deshalb müssen wir mit dem Kunden sprechen. • **Fall 3:** Herr Matthäus ist viel zu spät beim Kunden angekommen, weil er die Adresse verwechselt hat. Deshalb muss er die Kundenadressen aufschreiben. • **Fall 4:** Die Sitzung war nicht erfolgreich, weil die Aufgaben nicht klar waren. Deshalb müssen wir eine klare Tagesordnung machen. • **Fall 5:** Der Kunde war nicht mit der Ware zufrieden, weil die Ware Fehler hatte. Deshalb müssen wir die Qualitätskontrolle verbessern.

E1 Wortakzent bei Nomen mit Endsilbe *-ion* auf *o*, z. B. Kommunikati**o**n • Wortakzent beim Verb mit Endsilbe *-ieren* auf *-ie*, z. B. kommuniz**ie**ren.

KAPITEL 10

Willkommen bei uns

→ S. 136/137

Diese DS besteht aus zwei Teilen, die von einer Ausspracheübung, Aufgabe **B**, getrennt werden. Im ersten Teil, Aufgabe **A**, geht es um Begrüßungen und formelle Vorstellungen im Betrieb, im zweiten Teil, Aufgabe **C** bis **E**, um die Präsentation eines Intranets und seiner Funktionsweisen. Beide Teile bewegen sich jeweils in raschen Schritten von einem Einstieg zu einer Anwendungsübung, A1 zu A3, C1 zu E.

 Der Einstieg erfolgt über drei parallel aufgebaute mündliche Texte: Begrüßungsworte einer Kollegin, Vorstellung des neuen Mitarbeiters selbst und eine Begrüßung durch den Vorgesetzten. Sie präsentieren die relevanten sprachlichen Mittel und sollen zuletzt im Detail verstanden werden. Ausgangspunkt ist jedoch das Globalverstehen: Ausgehend von der Überschrift lässt KL sehr kurz (etwa ½ Minute) die drei Texte unter folgender Fragestellung überfliegen: *Was ist der Unterschied zwischen diesen drei Texten?* Schon im jeweils ersten Satz können KT die Unterschiedlichkeit der Perspektive erkennen. Schnellere KT werden entdecken, dass Text A von dem/der Vorgänger/in ist, in Text B der Nachfolger, Idris Gül, sich vorstellt und Text C von einem eher Außenstehenden, Dritten stammt und formeller als Text A ist. Nach Formulierung solcher Vermutungen im Unterrichtsgespräch lässt KL die Texte etwas genauer lesen, mit einer knappen Zeitvorgabe und einer aus den Annahmen abgeleiteten Fragestellung, z.B.: *In welcher Situation sprechen die drei Personen? Was ist der Unterschied zwischen Text A und C?* Das anschließende Unterrichtsgespräch sollte alle KT wenigstens zu dem gesicherten Verständnis führen, dass es sich bei Text A um die Vorgängerin und bei Text C um einen Leiter handelt. Bekannt sind *Personalleiter* und *Abteilung*, also kann KL *Abteilungsleiter* einführen. Neuen Wortschatz sollte KL hier noch nicht besprechen.

 KT lesen die Aussagen 1 bis 9 und erarbeiten die drei Texte im Detail. Außerdem werden die drei Texte laut vorgelesen, wobei auch die Aussprache verbessert werden kann und die letzten Fragen der KT geklärt werden.

 Die Reproduktion der Texte sollte möglichst ohne Blick in die Texte selbst erfolgen. Dazu müssen die Hauptpunkte notiert werden. An dieser Stelle empfiehlt es sich, die **Erstellung sinnvoller Notizen** zu üben und dabei die **Auswahl zu aktivierenden Wortschatzes** zu diskutieren. Diese Fragen werden auf der Seite *Textarbeit* von Kapitel 10, Arbeitsbuch, S. 131 (vgl. auch S. 92), behandelt und können von KL direkt in den Unterricht einbezogen werden, ohne dabei das Arbeitsbuch selbst aufzuschlagen. Sinnvoll ist folgendes Vorgehen:

- KT schließen alle Bücher und schreiben mit Text C ein Diktat. Ein KT mit lesbarer Handschrift schreibt an die Tafel. Wenn die Tafel groß ist, bleibt die rechte Hälfte leer, sodass später dort die Textskizze notiert werden kann (vgl. die Darstellung im Arbeitsbuch, S. 131). Falls der Platz nicht ausreicht, wird die Textskizze später auf eine Folie geschrieben.
- Der Text an der Tafel wird gemeinsam korrigiert; was die übrigen KT geschrieben haben, können sie zu Hause selbst korrigieren.
- KL bespricht mit KT kurz (entsprechend den Anleitungen im Arbeitsbuch S. 92 und S. 131) die Frage der Auswahl von wichtigem Wortschatz zum Ausbau des aktiven Wortschatzes.
- KL beginnt – unter ständiger Einbeziehung der KT – an der Tafel „unwichtigen" Wortschatz zu löschen, sodass schließlich ein Text mit ausgewischten bzw. weggemarkerten Wörtern wie im Arbeitsbuch, S. 92 und S. 131, entsteht.
- KT versuchen den Text – z.B. in Form einer Reihenübung – zu rekonstruieren.
- Um die Wiedergabe zu vereinfachen und zu verbessern, werden aus dem reduzierten Text Stichwörter abgeleitet und eine Textskizze – wie im Arbeitsbuch, S. 131 – erstellt.
- In PA und im Plenum wird die Wiedergabe des Textes mit Hilfe der Textskizze geübt.
- Hausaufgabe: Erstellung einer Textskizze zu Text **A** oder **B** bzw. zu dem Dialogtext, Arbeitsbuch, S. 131.

Lösungen

A1   2 Text: A 3 Text: B 4 Text: B 5 Text: A/B/C 6 Text: A/C 7 Text: A 8 Text: B/C 9 Text: A/B/C

B2   Bräuer • Glauber • Kauner • Däusert • Häuler • Leutner

C2   1 bei der Firma Körner • vor dem PC von Frau Wössner • 2 Frau Wössner und Herr Gül • 3 Intranet • Anmeldung • Passwort • Benutzername • Passwortänderung • 4 Man muss Umlaute mit *e* schreiben, also *Guel* statt *Gül* 5 auf der ersten Seite • auf dem *Ticker*

C3   1 Telefon-/Raumverzeichnis • Suche • Infothek • Titel • Sortiert nach • After Work Party • Intranet-Inserat • Personal • Veranstaltungskalender • Dienstleistung • 3 Dienstleistung

Kleine Feiern

→ S. 138/139

Der Handlungsstrang von der ersten DS wird auf dieser DS locker fortgesetzt; er zieht sich auch durch die folgenden DS: Begrüßung und erste Einführung von Herrn Gül (DS 136/137), Einladung zu einer kleinen Geburtstagsfeier und zum Einstand von Herrn Gül (DS 138/139), Smalltalk bei dieser kleinen Feier (DS 140/141), Herr Gül lernt das Betriebsrestaurant kennen (DS 142/143), Verabschiedung der Vorgängerin von Herrn Gül (DS 144/145). Parallel dazu spielt thematisch das Intranet der Firma mit seinen Angeboten und das Schreiben von internen E-Mails eine Rolle.

Wie die vorhergehende DS teilt sich auch diese DS in zwei Teile, die jeweils zu einer produktiven Anwendung der Sprachmittel führen: Links, in Aufgabe A, geht es vor allem um Redemittel, mit denen gute Wünsche zu verschiedenen Anlässen ausgesprochen werden können. Rechts, in Aufgabe B und D, geht es um das Lesen und Schreiben der Textsorte E-Mail. (Der Journalteil, S. 146, hält zum Thema E-Mails noch eine Erweiterung bereit.)

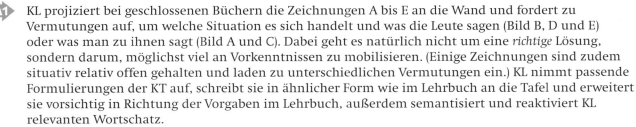

KL projiziert bei geschlossenen Büchern die Zeichnungen A bis E an die Wand und fordert zu Vermutungen auf, um welche Situation es sich handelt und was die Leute sagen (Bild B, D und E) oder was man zu ihnen sagt (Bild A und C). Dabei geht es natürlich nicht um eine *richtige* Lösung, sondern darum, möglichst viel an Vorkenntnissen zu mobilisieren. (Einige Zeichnungen sind zudem situativ relativ offen gehalten und laden zu unterschiedlichen Vermutungen ein.) KL nimmt passende Formulierungen der KT auf, schreibt sie in ähnlicher Form wie im Lehrbuch an die Tafel und erweitert sie vorsichtig in Richtung der Vorgaben im Lehrbuch, außerdem semantisiert und reaktiviert KL relevanten Wortschatz.

Anschließend lesen KT im Plenum der Reihe nach die Formulierungen der guten Wünsche aus dem Dialogbaukasten vor und versuchen sie den Zeichnungen A bis E zuzuordnen. KL hilft bei der Semantisierung von neuem Wortschatz.

Bei den Dialogen in Aufgabe A2 geht es zunächst nur um globales Verstehen (Frage 1 und 2). Meistens sind es einzelne Stichwörter, die zum Verständnis der Situation führen: in Dialog 1 *Nachwuchs*, evtl. auch *Mädchen*, in Dialog 2 *Geburtstag*, in Dialog 3 *Abteilungsleiterin*, in Dialog 4 die klar formulierten Wünsche zum neuen Jahr.

Frage 3 wird in einem eigenen Schritt durchgeführt. Zunächst hören KT die vier Dialoge noch einmal; nach jedem Dialog werden die kurzen Reaktionen der Empfänger der Wünsche an der Tafel festgehalten. Im Anschluss an das HV werden die Reaktionen um weitere mögliche Formulierungen erweitert.

KT spielen die Situationen aus Aufgabe A3 im Plenum – z.B. als Reihenübung – durch und verwenden dabei die zuvor erarbeiteten Antworten auf gute Wünsche. Anschließend spielen KT die Situationen nochmals in PA.

Bei der anschließenden freien Anwendungsübung A4 müssten die erarbeiteten Redemittel dann schon ziemlich sicher verwendet werden können. KL bewegt KT dazu, sich dazu von ihren Stühlen und Tischen zu lösen und umherzugehen!

Die Einführung des Vollverbs **werden** ergibt sich hier aus den Themenbereichen *Feiern* und *Glückwünsche zum Geburtstag und zur Beförderung* (*... Jahre alt werden, Abteilungsleiter werden*, vgl. A3). Die Bewusstmachung kann bei der Besprechung der Aufgabenstellung von A3 oder als Einstieg in die Aufgabe A6 erfolgen, allerdings ohne dabei im Detail auf seine futurische Komponente einzugehen. Eine weitere häufige Verwendungssituation folgt auf der anschließenden DS mit den einfachen Beschreibungen des Wetters. (*werden* als Hilfsverb im Futur und Passiv wird erst in *Unternehmen Deutsch Aufbaukurs* behandelt.)

Lösungen

A2   1 **Dialog 1**: Herzlichen Glückwunsch! • **Dialog 2**: ... alles Gute zum Geburtstag! • **Dialog 3**: Ich wünsche Ihnen viel Erfolg! • **Dialog 4**: Ich wünsche Ihnen einen guten Rutsch!
2 **Dialog 1**: Bild A • **Dialog 2**: Bild E • **Dialog 3**: Bild B • **Dialog 4**: Bild D
3 **Dialog 1**: Oh, danke sehr! • **Dialog 2**: Nett, dass du daran denkst, Danke! • **Dialog 3**: Vielen Dank! • **Dialog 4**: Ihnen auch ein gutes neues Jahr!

B1   Idris Gül schreibt seinen Kollegen/-innen • feiert Geburtstag und Neuanfang bei Körner • zur Feier von Idris Gül kommen • eine kleine Feier

B2   1 Geburtstag 2 Der Neuanfang bei der Firma ist gut gelaufen. 3 Man soll keine (großen) Geschenke mitbringen. 4 Suchen unter: Umstand *(hier nur Pl.)* 5 Hier schreibt man sie. (siehe rechts das oberste Symbol *Senden*) 6 Blindkopie (für den Empfänger nicht sichtbar) 7b) Senden 7c) Beifügen 7d) Abbrechen

C2   sinken • trinken • bedanken • Tank

Ach, das ist ja interessant ...

→ S. 140/141

A **Der Einstieg** in Aufgabe **A1** erfolgt am besten bei geschlossenen Büchern über das an die Wand projizierte Situationsbild. Es zeigt eine kleine betriebliche Geburtstagsfeier. Der Bürostuhl deutet an, dass die Kolleginnen und Kollegen im Büro des Einladenden stehen.

KL motiviert KT mithilfe der im Lehrbuch vorgegebenen oder ähnlichen Fragen zu Vermutungen über die Zeichnung, die an der Tafel festgehalten werden. Optimal wäre, wenn die Notizen an der Tafel ungefähr den im Lehrbuch vorgegebenen entsprechen würden, sodass die sich in Aufgabe **A2** anschließende Hörübung mit Hilfe dieser Liste und ohne das Lehrbuch durchgeführt werden kann. In Aufgabe **A3** können anschließend kulturelle Differenzen bei den Themen zur Sprache kommen.

B Da das Wetter eins der wichtigsten Themen für Smalltalk ist, findet sich hier ein kurzer **Exkurs zum Wetter**. Ziel ist nicht, dass KT anschließend differenziert über das Wetter sprechen können, sondern dass sie zurecht kommen, wenn das Thema zur Sprache kommt.

Als Einstieg spricht KL KT frei an und äußert sich oder stellt Fragen zum aktuellen Wetter. Die entstehende Sprechnot nutzt er zur Einführung von Wortschatz, wie er in Aufgabe **B1** und **B2** verwendet wird. Um KT nicht zu stark mit neuem Wortschatz zu belasten, sollte KL sich ungefähr auf die Vorgaben des Lehrbuchs beschränken. (So wurde z.B. auf die Einführung der Verben *schneien, winden* usw. verzichtet.)

D3 Die Fragen 1 bis 7 zum HV in Aufgabe **D3** schließen mit der Aufforderung ab, die Verabschiedung einer Kollegin zu transkribieren. Zum Sinn einer solchen Aufgabenstellung beim HV vgl. die Hinweise zum detaillierten HV, S. 42; hier geht es zusätzlich darum, **sprachliche Mittel für eine Verabschiedung** in der vorgegebenen Situation zu erarbeiten und evtl. auch einmal kurz durchzuspielen. Sie können zudem in der alle Elemente der DS integrierenden Anwendungsübung **F** verwendet werden.

Lösungen

A2 **Dialog 1**: Sport • **Dialog 2**: Wetter • **Dialog 3**: Urlaub • **Dialog 4**: Familie

B1 2d • 3a • 4h • 5f • 6c • 7b • 8e

B2 *Mögliche Lösung:* **die Wärme:** Heute ist es ziemlich warm. • Morgen wird es vielleicht noch wärmer. • **die Kälte:** Heute ist es sehr kalt. • Aber morgen wird es vielleicht noch kälter. • **der Regen:** Heute ist es ziemlich regnerisch. • **die Sonne:** Morgen wird es sicher noch sonniger. • **der Wind:** Es ist heute sehr windig.

D1 den Geburtstag von Herrn Gül

D2 Zuerst spricht der Abteilungsleiter mit Herrn Gül. Dann hält eine Kollegin eine kleine Rede. Danach plaudern eine Kollegin und ein Kollege mit Herrn Gül. Schließlich sagt eine andere Kollegin auf Wiedersehen.

D3 1 Er möchte mit Herrn Gül (in Ruhe) sprechen. 2 Sie arbeiten gern mit ihm zusammen. • Er passt gut ins Team. 3 ja 4 in Deutschland 5 nein (meistens nicht) 6 Ja, ein Mädchen/Baby.
7 Frau: Herr Gül, ich muss leider schon gehen. Ich habe einen Termin. Vielen Dank für die Einladung.
Gül: Nichts zu danken. Nett, dass Sie gekommen sind.
Frau: Dann weiter alles Gute. Auf Wiedersehen.
Gül: Auf Wiedersehen.

Das Betriebsrestaurant

→ S. 142/143

A Beim **Einstieg** empfiehlt sich auch hier, zunächst ohne Buch zu arbeiten. Es lohnt sich, dazu die Abbildung der Intranetseite auf Folie zu kopieren und an die Wand zu projizieren. Sie wird im Verlauf des Unterrichts zu dieser DS immer wieder gebraucht. Benötigt wird nur der Ausschnitt von Montag bis Mittwoch, da sich die Aufgaben der DS nur auf diese drei Tage beziehen. Er kann also entsprechend vergrößert werden.

G Der Hörtext in Aufgabe **G** dient hier nicht nur der Entwicklung des HV, sondern auch der Bereitstellung und Bewusstmachung sprachlichen Materials, mit dessen Hilfe sich KT in einer Kantine oder auch einem Restaurant bewegen können. Darüber hinaus geht es darum, wie man mit unbekannten Kollegen ins Gespräch kommen und auch im Gespräch bleiben kann – eine wichtige Sache für jeden, der in ein neues Unternehmen kommt. In einer Fremdsprache ist das keine leichte Aufgabe. Sie verdient deshalb etwas Übung. Gleichzeitig wird damit an das Thema *Smalltalk* der vorhergehenden DS angeknüpft.

G1 Mit dieser Aufgabenstellung wird zunächst das Globalverständnis hergestellt und gleichzeitig die situationstypische Gliederung des Textes verdeutlicht.
KL schreibt die Zwischenüberschriften in der richtigen Reihenfolge so an die Tafel (oder lässt sie von einem KT schreiben), dass anschließend Notizen zu den Inhalten bzw. Sprachmitteln der einzelnen Abschnitte hinzugefügt werden können (Aufgabe **G2**).

G2 Der Text wird in entsprechenden Abschnitten vorgespielt. Die Hauptinhalte werden in Stichworten und an einigen Stellen auch in ganzen Formulierungen festgehalten, wenn diese direkt in ähnliche Situationen übernehmbar sind.

G3 Bei schwächeren KT kann die Aufgabe **G3** auch in zwei Schritte aufgeteilt werden: Zunächst werden die relevanten Dialogteile im Plenum gemeinsam erarbeitet und beispielhaft durchgespielt, anschließend kommt die offene Anwendung, für die der Unterrichtsraum – wie vorgegeben – etwas umgestaltet werden sollte. Ob der Tafelanschrieb zunächst stehen bleibt oder sofort gelöscht oder verdeckt wird, hängt davon ab, wie schwierig die Aufgabe für KT ist.

Lösungen

B1 2a • 3b • 4b • 5b • 6a • 7b • 8a • 9b

B2 1 von 12.00 Uhr bis 14.30 Uhr 2 am Mittwoch 3 5,60 € 4 Pizza • Gulasch 5 Getreidebratling

D 5 • 7 • 2 • 6 • 3 • 1 • 4 • 8:
▷ Ich habe schon Hunger! Ich esse heute Pizza. Das machen sie hier ganz gut.
▶ Woher wissen Sie, dass es heute Pizza gibt?
▷ Ich habe im Speiseplan nachgesehen. Der steht im Intranet.
▶ Ach, das ist ja praktisch. Wo finde ich den Speiseplan?
▷ Direkt unter „Infothek". Da ist immer der Plan für die ganze Woche.
▶ Richtig, hier ist er.
▷ Na, und worauf haben Sie heute Lust?
▶ Ich glaube, ich nehme …

E 1 Betrieb • Gespräch • Restaurant • Gericht • 2 verreisen • bringen • Bratwurst • 3 teurer • Büro • direkt • Intranet • voran

G1 1 an der Theke bzw. Essensausgabe 2 Frage:„Ist hier noch frei?" 3 Gespräch über das Essen 4 Gespräch über die Kantine

Die Verabschiedung

→ S. 144/145

Auf dieser DS geht es um Abschiede, die etwas mehr Worte als ein bloßes *Auf Wiedersehen* erfordern – bis hin zur formellen Verabschiedung einer Mitarbeiterin bzw. Kollegin in den Ruhestand (Aufgabe B, C). Gleichzeitig werden damit Redemittel angeboten, die bei einem Abschied zum Kursende von KT real angewendet werden können.

A KL sollte sich um einen möglichst situativen **Einstieg** bemühen, z.B.: KL nimmt einige seiner Sachen, als wollte er gehen, gibt einem KT die Hand, verwendet Abschiedsformulierungen – wie unter Aufgabe A1, 1 bis 5, dargestellt – und deutet das Verlassen des Raums an. Falls KT zu verdutzt ist, um zu reagieren, wiederholt KL den Abschied bei einem anderen KT, der dann vielleicht schon irgendeine Antwort zu Stande bringt. Diesen KT veranlasst KL, aufzustehen und seinerseits einen Abschied zu spielen. Nach ein bis zwei weiteren Versuchen ist das Ziel erreicht: die Sprechnot weckt bei KT das Bedürfnis, nach geeigneten Ausdrucksmitteln zu suchen. An dieser Stelle kann KL zur Aufgabe A1 im Lehrbuch übergehen.

A3 Die Aufgabe A3 kommt auf diesen Einstieg zurück, allerdings können KT nun erfolgreicher bewältigen, sich voneinander zu verabschieden bzw. Verabschiedungsszenen durchzuspielen.

B1 Der Einstieg erfolgt zunächst über Aufgabe B1. Anschließend werden über das Situationsfoto Erwartungen und Hypothesen aufgebaut, die dann nach einem ersten Hördurchgang in einem Unterrichtsgespräch verifiziert oder verworfen werden.

B2 Die Fragen bzw. Aussagen 1 bis 6 in Aufgabe B2 werden zunächst gemeinsam gelesen und geklärt, anschließend erfolgt der zweite Hördurchgang. Bei der Besprechung der Fragen 1 bis 6 wird der HV-Text zum dritten Mal in relevanten Abschnitten gehört.
Als Übergang zu Aufgabe C kann KL auch das Detailverstehen trainieren, indem er *dass*-Sätze aus dem Text transkribieren lässt, die in C mit dem sprachlichen Material der Abschiedsreden gründlich wiederholt werden.

C KT sind sprachlich noch nicht in die Lage, formelle Abschiedsreden zu halten. Deshalb sollte diese Übung nicht in diese Richtung ausgeweitet werden.

Lösungen

A1 2a • 3d • 4e • 5c

A2 2a: Dienstreise 3d: Arbeitsplatzwechsel 4e: Urlaubsbeginn 5c: Feierabend

B2 1b • 2c • 3b • 4b • 5c • 6c

C *Mögliche Lösung:*

Der Abteilungsleiter bedauert,	dass Frau Wössner schon in Rente	gehen	muss.
Der Redner dankt ihr,	dass sie viele Jahre für die Körner AG	gearbeitet	hat.
Er wünscht ihr,	dass sie gesund		bleibt.
Der Abteilungsleiter dankt Frau Wössner,	dass sie auch Kollegen aus anderen Abteilungen oft	beraten	hat.
Er bedauert,	dass sie die Körner AG		verlässt.
Er hofft,	dass sie mit ihrem Berufsleben zufrieden		ist.
Der Redner glaubt,	dass es Frau Wössner im Ruhestand nicht langweilig		wird.
Er wünscht ihr,	dass es ihr in Zukunft gut		geht.

D1 Reise • viel • Knoten • hart • knallen • richten

D2 Berufsleben • Möbel • viel • über • leise • erhalten • Altersversorgung • Ablagekorb

KAPITEL 1
ERSTER KONTAKT
Guten Tag!

B 1 Mann: Ah, guten Tag, Susanne. Susanne, das ist Herr Brinkmann, Klaus Brinkmann. Er kommt aus Dresden in Deutschland.

2 Mann: Ah, guten Tag, Susanne. Susanne, das ist Nicole, Nicole Bellac. Ihr Familienname ist Bellac. Sie kommt aus Grenoble in Frankreich.

3 Mann: Ah, guten Tag, Susanne. Susanne, das ist Frau Nowak, Petra Nowak. Sie kommt aus Österreich. Sie wohnt in Graz.

4 Mann: Ah, guten Tag, Susanne. Susanne, das ist Herr Waldner, Christian Waldner. Herr Waldner ist der Direktor. Er wohnt in Berlin.

5 Mann: Ah, guten Tag, Susanne. Susanne, das ist Roberto, Roberto Prado. Roberto kommt aus Spanien. Sein Familienname ist Prado: pe, er, a, de, o. Prado.

6 Mann: Ah, guten Tag, Susanne. Susanne, das ist Herr de Boor, Willem de Boor. Er wohnt in Amsterdam.

Familie und Beruf

B

Herr Müller:	Guten Tag. Mein Name ist Müller.
Herr Sikora:	Ich heiße Sikora.
Herr Müller:	Wie bitte?
Herr Sikora:	Mein Familienname ist Sikora. Moment, ich buchstabiere: es, i, ka, o, er, a.
Herr Müller:	Ah, vielen Dank, Herr Sikora. Und was sind Sie von Beruf?
Herr Sikora:	Ingenieur. Ich bin Ingenieur von Beruf. Und Sie?
Herr Müller:	Ich bin Bankkaufmann. Ich bin verheiratet und habe zwei Kinder.
Herr Sikora:	Ich bin auch verheiratet. Aber ich habe keine Kinder.
Herr Müller:	Wohnen Sie auch in München?
Herr Sikora:	Ja, aber ich komme aus Polen.

C 1

Herr Müller:	Guten Tag. Mein Name ist Müller.
Frau Sörensen:	Ich heiße Sörensen.
Herr Müller:	Wie bitte?
Frau Sörensen:	Mein Familienname ist Sörensen. Moment, ich buchstabiere: es, ö, er, e, en, es, e, en. Sörensen.
Herr Müller:	Ah, vielen Dank, Frau Sörensen. Und was sind Sie von Beruf?
Frau Sörensen:	Sekretärin. Ich bin Sekretärin von Beruf. Und Sie?
Herr Müller:	Ich bin Bankkaufmann. Ich bin verheiratet und habe zwei Kinder.
Frau Sörensen:	Ich bin auch verheiratet und habe ein Kind.
Herr Müller:	Wohnen Sie auch in München?
Frau Sörensen:	Ja, aber ich komme aus Dänemark.

2

Herr Müller:	Guten Tag. Mein Name ist Müller.
Frau Bellini:	Ich heiße Bellini.
Herr Müller:	Wie bitte?
Frau Bellini:	Mein Familienname ist Bellini. Moment, ich buchstabiere: be, e, el, el i, en, i. Bellini. Anna Bellini.
Herr Müller:	Ah, vielen Dank, Frau Bellini. Und was sind Sie von Beruf?
Frau Bellini:	Studentin. Ich studiere Informatik. Und Sie? Was sind Sie von Beruf?
Herr Müller:	Ich bin Bankkaufmann. Ich bin verheiratet und habe zwei Kinder.
Frau Bellini:	Ich bin ledig.
Herr Müller:	Wohnen Sie auch in München?
Frau Bellini:	Nein, in Augsburg, aber ich komme aus Italien.

Die Gruppe Allianz

A2   Herr Waldner: Guten Tag, mein Name ist Waldner, Gruppe Allianz. Christian Waldner.

Empfangsdame:	Ah ja, herzlich willkommen, Herr Waldner. Gruppe Allianz ... das sind im Moment ... das sind eins, zwei, drei, vier, fünf, sechs Einzelzimmer und ein Doppelzimmer. Hier ist die Liste.
Herr Waldner:	Ah ja, die Liste. De Boor, Brinkmann, Nowak, Roberto, Weinberger. Die Liste ist nicht ganz richtig.
Empfangsdame:	Oh, die Liste ist falsch.
Herr Waldner:	Nein, nicht direkt falsch. Aber Frau Nowak kommt nicht. Dafür kommt aber Frau Postleitner. Die ist noch nicht auf der Liste. Und hier ist der Vorname falsch. Der Herr heißt Willem, nicht Wilhelm. Und Roberto ist der Vorname. Der Herr heißt Prado.
Empfangsdame:	Aha, Prado.
Herr Waldner:	Jaja, ich korrigiere das.
Empfangsdame:	Ah, gut.
Herr Waldner:	Ja, und hier Frau Röder, Hellen Röder, das ist meine Frau. Wir haben ein Doppelzimmer.
Empfangsdame:	Gut, Herr Waldner, Sie und Ihre Frau haben dann Zimmer Nr. 6. Das ist ein Doppelzimmer.
Herr Waldner:	Dann ist alles in Ordnung. Herr und Frau Weinberger haben schon ein Doppelzimmer. Gut. Alles prima. Vielen Dank.
Empfangsdame:	Also, dann haben wir jetzt, äh, dann haben wir jetzt ...

Karten, Ausweise, Scheine

B	Herr Lüthi:	Guten Tag, Herr Viren.
	Herr Viren:	Hallo, Herr Lüthi! Guten Tag! Wie geht es Ihnen?
	Herr Lüthi:	Danke, gut. Und Ihnen, Herr Viren?
	Herr Viren:	Sehr gut, vielen Dank.
	Herr Lüthi:	Was machen Sie hier, Herr Viren?
	Herr Viren:	Ich habe hier ein Seminar.
	Herr Lüthi:	Ah, ein Seminar. Ich habe eine Besprechung mit Frau Balzer. Oh, da kommt Frau Balzer. Hallo, Frau Balzer, guten Tag.
	Frau Balzer:	Guten Tag, Herr Lüthi.
	Herr Lüthi:	Frau Balzer, das ist Herr Viren.
	Frau Balzer:	Guten Tag, Herr Wirner.
	Herr Viren:	Guten Tag, Frau Balzer. Aber mein Name ist Viren: fau, i, er, e, en. Hier ist meine Karte.
	Frau Balzer:	Oh, Entschuldigung, Herr Viren.
	Herr Lüthi:	Herr Viren kommt aus Finnland. Er ist der Produktmanager von der Firma Fintecno in Finnland.
	Herr Viren:	Ja, ich komme aus Finnland. Ich wohne und arbeite in Tampere. Und hier in München habe ich ein Seminar.
	Frau Balzer:	Und ich habe einen Termin mit Herrn Lüthi; also, wir haben eine Besprechung, Herr Lüthi und ich.
	Herr Lüthi:	Gut, Herr Viren, ich glaube, wir müssen jetzt ...

Neue Kollegen

A1	1	Herr Mitsakis:	Guten Morgen. Mein Name ist Mitsakis, Leo Mitsakis.
		Frau:	Freut mich, Herr Mitsakis. Wie geht es Ihnen?
		Herr Mitsakis:	Danke, es geht. Und wie geht es Ihnen?
		Frau:	Gut, danke. Was machen Sie hier?
		Herr Mitsakis:	Ich habe eine Besprechung. Und Sie?
		Frau:	Ich habe einen Termin mit der Konstruktion.
		Herr Mitsakis:	Wie lange arbeiten Sie schon bei der Firma HPM?
		Frau:	Schon zwei Jahre. Und Sie? Wie lange arbeiten Sie schon hier?
		Herr Mitsakis:	Noch nicht lange.
		Frau:	Schön, Herr Mitsakis. Mein Termin. Ich habe einen Termin ...
	2	Herr Kurnik:	Guten Tag. Mein Name ist Kurnik.
		Frau:	Hallo, Herr Kurnik. Wie geht es Ihnen?
		Herr Kurnik:	Gut, danke.
		Frau:	Sind Sie Informatiker von Beruf?
		Herr Kurnik:	Nein, Industriekaufmann. Und Sie?
		Frau:	Ich bin Servicetechnikerin.
		Herr Kurnik:	Wie lange bleiben Sie hier?
		Frau:	Noch eine Stunde. Und Sie? Wie lange bleiben Sie hier in München?

	Herr Kurnik:	Bis heute Abend.
	Frau:	Oh, Herr Kurnik. Mein Taxi ist da …
3	Frau Frederikson:	Guten Abend. Mein Name ist Leonie Frederikson.
	Herr:	Schön, Frau Frederikson. Wie geht es Ihnen?
	Frau Frederikson:	Danke, sehr gut. Geht es Ihnen auch gut?
	Herr:	Ja, danke.
	Frau Frederikson:	Wie lange arbeiten Sie schon hier?
	Herr:	Schon zwei Jahre. Und Sie?
	Frau Frederikson:	Noch nicht lange. Erst zehn Tage.
	Herr:	Wie lange wohnen Sie schon hier?
	Frau Frederikson:	Ich wohne nicht hier. Ich wohne in Zürich.
	Herr:	Gut, Frau Frederikson. Es ist Zeit für mich …

KAPITEL 2
BESUCHER KOMMEN
Wie war die Reise?

A **1**   (Pause)

Frau: Nein, ich hatte keine Verspätung. Der Flug war sehr pünktlich. Wann kommt Herr Medow?

(Pause)

Frau: Ach so, um 16.00 Uhr. Dann habe ich ja noch viel Zeit.

(Pause)

Frau: Nein, leider nicht. Das Flugzeug war sehr voll. Und das Essen, na ja.

(Pause)

Frau: Nein, das war nicht so schlimm.

(Pause)

Frau: Ja, gut, um 16.00 Uhr. Bis dann.

2 Mann: … Nein, nein. Das war nicht schlimm. Wir kommen vielleicht dreißig Minuten zu spät. Wie war denn Ihr Flug?

Frau: Der Flug war angenehm. Aber ich war sehr nervös. Wir hatten schon in Budapest eine Stunde Verspätung. Eine ganze Stunde! Was machen wir jetzt?

Mann Jetzt fahren wir ins Hotel. Herr Jara und Frau Bill waren schon um 14.00 Uhr dort. Sie hatten einen Besprechungstermin mit der Firma HPP.

3 Mann: … Ja, der ist auch schon da. Er sucht gerade einen Parkplatz. Und, wie war Ihre Fahrt?

Frau: Alles prima. Pünktlich und keine Probleme. Der Zug war sehr voll, aber das war nicht schlimm. Ich hatte eine Reservierung, also einen Sitzplatz.

Mann: Dann ist ja alles in Ordnung. Ah, da kommt ja Ihr Kollege.

4   (Pause)

Mann: Was? Zehn Kilometer? Dann war Ihre Fahrt sicherlich nicht angenehm.

(Pause)

Mann: Und wo war der Stau?

(Pause)

Mann: Ja, ja, die Autobahn zwischen Kassel und Frankfurt …

(Pause)

Mann: Mein Flug ist morgen um 14.10 Uhr. Ich bin also zwischen 16.30 Uhr und 17.00 Uhr im Hotel bei Ihnen.

(Pause)

Mann: Nein, ich war fünf Tage in Kopenhagen.

(Pause)

Mann: Kopenhagen. Ich war in Kopenhagen bei der Firma Danger.

(Pause)

Mann: Und Sie? Hatten Sie viel Arbeit? …

Herzlich willkommen!

A Frau König: Guten Tag. Mein Name ist König. Ich habe einen Termin mit Herrn Kallmann.

Pförtner: Mit Herrn Kallmann. Ah ja, um neun Unr, nicht wahr?

Frau König: Ja, um neun. Mit Herrn Kallmann, Robert Kallmann.

Pförtner: Einen Moment bitte. – Herr Kallmann, Frau König ist da. Sie hat einen Termin mit Ihnen um neun Uhr. Ja, gut. – Frau König, bitte nehmen Sie Platz. Herr Kallmann kommt gleich.

Frau König:	Vielen Dank.
Herr Kallmann:	Hallo, Frau König. Willkommen in Hamburg. Wie war die Reise?
Frau König:	Guten Tag, Herr Kallmann. Danke, gut, aber der Zug war sehr voll.
Herr Kallmann:	Oh, das tut mir Leid. So, Frau König, bitte nehmen Sie Platz.
Frau König:	Vielen Dank. Hier? Oder ist das Ihr Platz?
Herr Kallmann:	Nein, nein. Nehmen Sie hier Platz. Das ist in Ordnung. Möchten Sie Kaffee oder Tee oder Mineralwasser? Was möchten Sie?
Frau König:	Vielleicht ein Mineralwasser. Geht das?
Herr Kallmann:	Selbstverständlich. So, hier ist ein Mineralwasser für Sie. Und das ist auch für Sie.
Frau König:	Ah, das ist mein Programm, nicht wahr?
Herr Kallmann:	Richtig. Einen Moment bitte. – Herr Kogel, Frau König ist da. – Herr Direktor Kogel kommt gleich. Er möchte Sie auch begrüßen, ganz kurz.
Frau König:	Oh, vielen Dank! Das freut mich.

Die Leute sind da!

B1

1

Frau:	So, wir sind da.
Mann:	Prima. Wie viele Personen sind Sie?
Frau:	Achtzehn. Acht Herren und zehn Damen. Leider haben wir etwas Verspätung.
Mann:	Das macht nichts. Herr Müller zeigt Ihnen die Firma. Möchten Sie die Führung auf Englisch oder auf Deutsch?

2

Mann:	So, wir sind da.
Frau:	Super. Wie viele Personen sind Sie?
Mann:	Drei Damen und zwei Herren. Leider fehlt Frau Haras.
Frau:	Kein Problem. Sie bekommen jetzt die Prospekte. Ich habe sie auf Englisch und natürlich auf Deutsch.

3

Mann:	So, wir sind da.
Frau:	Das freut mich. Wie viele Personen sind Sie?
Mann:	Fünf Herren und vier Damen. Zwei Herren kommen leider erst um neun Uhr.
Frau:	Das ist nicht schlimm. Jetzt essen und trinken Sie erst einmal etwas. In einer halben Stunde begrüßt Herr Doktor Martens seine Gäste. Die Begrüßung ist auf Holländisch. Verstehen Sie Holländisch?

4

Frau:	So, wir sind da.
Mann:	Wunderbar. Sie sind eins, zwei, drei, vier, fünf, sechs Damen und Herren. Ist das richtig?
Frau:	Ja, aber leider hat Frau Kallina nur dreißig Minuten Zeit.
Mann:	Okay. Frau Oldner präsentiert die Messeneuheiten für Sie.
Frau:	Haben Sie das Informationsmaterial auch auf Griechisch?

5

Mann:	So, wir sind da.
Frau:	Herzlich willkommen. Sind alle da?
Mann:	Ja, äh nein. Leider ist Herr Ballauf nicht dabei. Dafür ist Frau Leone dabei. Geht das?
Frau:	Ja, natürlich. Hier sind Ihre vierzehn Namensschilder und die Seminarunterlagen, auf Englisch und Französisch.

Wer sind die Leute?

B1

1

Mann:	Frau Weinberger, wie lange arbeiten Sie schon bei der Firma Nova?
Frau Weinberger:	In Zürich sechs Jahre und in Winterthur vier Jahre.
Mann:	Aber immer bei der Firma Nova, nicht wahr?
Frau Weinberger:	Jaja, vier Jahre in Winterthur und dann sechs Jahre in Zürich. Das sind insgesamt zehn Jahre. Eine lange Zeit.

2

Mann:	Frau Bellini, was studieren Sie in Augsburg?
Frau Bellini:	Informatik.
Mann:	Und wie lange bleiben Sie noch in Augsburg?
Frau Bellini:	Noch acht Monate.

3

Frau Rodeck:	Frau Rodeck, da ist ein Kunde. Ich habe ein Seminar in Raum 6.
Herr Viren:	Ein Kunde. Hhm. Und wann beginnt Ihr Seminar?
Frau Rodeck:	Um 9.30 Uhr.
Herr Viren:	Gut, Herr Viren. Dann haben Sie keine Zeit. Ich frage mal Herrn Gumpert.

4

Mann:	Hallo, Herr Körber. Ist die Reparatur fertig?
Herr Körber:	Nein, noch lange nicht.
Mann:	Sie haben das Gerät schon zwei Tage.
Herr Körber:	Ja, tut mir Leid. Ich brauche noch einen Tag. Am Donnerstag bin ich fertig.
Mann:	Das sind drei Tage! Drei Tage!

5	Frau:	Herr Waldner, haben wir noch Zeit für einen Kaffee? Hier, am Automat.
	Herr Waldner:	Moment. Es ist jetzt 20.30 Uhr. Mein Flug ist um 21.05. ... Hhm.
	Frau:	Ach so, schon um 21.05 Uhr. Nein, dann geht das natürlich nicht. Auf Wiedersehen und gute Reise.
	Herr Waldner:	Vielen Dank.
6	Frau:	Hatten Sie schon Urlaub?
	Herr Prado:	Nein. Aber im September habe ich Urlaub.
	Frau:	Im September? Herr Prado, da habe ich auch Urlaub. Und wie lange haben Sie Urlaub?
	Herr Prado:	Drei Wochen.

D1   vierzehn • neunzig • sechzig • fünfzehn • dreißig • achtzig • neunzehn • siebzig

Kate Carlson beginnt ihr Praktikum

B1	Herr Leinemann:	So, Frau Carlson, bitte nehmen Sie Platz! Das ist Ihr Plan, sehen Sie? Bitte lesen Sie den Plan in Ruhe. Hier ist Kaffee für Sie und Mineralwasser. Ich habe eine kurze Besprechung, fünf Minuten, dauert nicht lange.
	Frau Carlson:	Vielen Dank, Herr Leinemann.
	Herr Leinemann:	So, hier bin ich wieder. Also, hier vorne rechts sind zwei Büros, der Empfang und das Sekretariat. Im Sekretariat ist auch die Buchhaltung. Hier vorne links, also gegenüber, ist das Chefbüro. Aber Herr Roden hat jetzt keine Zeit. Er hat Besuch. Er begrüßt Sie um zehn Uhr. Ah, Guten Morgen, Frau Weinreich. Das ist Frau Carlson. In der vierten Woche ist sie bei Ihnen.
	Frau Weinreich:	Hallo, Frau Carlson. Jaja, Herr Leinemann. Ich habe Ihren Plan. Ich weiß also Bescheid.
	Herr Leinemann:	Frau Kern, haben Sie einen Moment Zeit?
	Frau Kern:	Ja.
	Herr Leinemann:	Also, wir besichtigen die Konstruktion. Frau Kern arbeitet in der Konstruktionsabteilung. Ganz kurz, Frau Kern, wir haben nicht viel Zeit.
	Frau Kern:	Ja, gern. Also, Frau Carlson, das ist dahinten rechts. Sehen Sie, hier arbeiten normalerweise drei Leute. Das ist mein Platz. Und hier arbeiten Sie, Frau Carlson, vom dreiundzwanzigsten bis siebenundzwanzigsten Juni, nicht wahr?
	Frau Carlson:	Gut, also da arbeite ich.
	Herr Leinemann:	Vielen Dank, Frau Kern. Wir wollen nicht so lange stören. So, Frau Carlson, hier gegenüber ist das Labor. Aber da ist noch niemand. Frau Feinbauer ist nicht da. Hier ist ein Besprechungszimmer. Da haben wir um neun Uhr dreißig einen Termin mit Herrn Roden. Und dann kommt der Pausenraum. Da trinken wir jetzt erst einmal einen Kaffee.

KAPITEL 3
LEUTE
Meine Familie

A2	1	Personalleiterin:	Sie haben sehr sehr gute Zeugnisse und früher auch einige Erfahrungen. Deshalb finden wir Ihre Bewerbung interessant. Frau Müller, darf ich zuerst ein wenig über Ihre Familie fragen. Sie sind ja verheiratet und haben zwei Kinder; wie alt sind denn die Kinder?
		Frau Müller:	Mein Sohn ist neun, die Tochter zwölf Jahre alt.
		Personalleiterin:	Ach so, schon groß! Sie sehen selbst noch so jung aus!
		Frau Müller:	Danke! Ich bin schon ziemlich lang verheiratet.
		Personalleiterin:	Ich muss das auch fragen, weil eine Sekretärin in der Marketingabteilung am Abend manchmal ein bisschen länger bleiben muss, es gibt schon mal ein paar Überstunden. Sie verstehen, Frau Müller?
		Frau Müller:	Ja, das geht. Die beiden können auch mal allein bleiben. Und mein Mann ist auch noch da.
		Personalleiterin:	Personalleiterin: Ja, das ist dann gut. – Wie weit wohnen Sie denn von hier entfernt?
	2	Personalleiter:	... und deshalb freuen wir uns, dass Sie sich bei uns bewerben. Frau Maier, zuerst möchte ich Ihnen einige Fragen stellen. Fangen wir mit der Familie an: Sie sind verheiratet und haben ein Kind.
		Frau Maier:	Nein, ich bin geschieden.

	Personalleiter:	Oh Entschuldigung, da habe ich nicht genau gelesen. Aber Sie haben ein Kind, nicht wahr, Frau Maier?
	Frau Maier:	Ja, eine Tochter.
	Personalleiter:	Vielleicht ist es ein Problem, wenn Sie nicht zu Hause sind?
	Frau Maier:	Nein, kein Problem, meine Tochter ist schon 14 Jahre alt.
	Personalleiter:	Ja, das ist gut. Als technische Zeichnerin in der Konstruktion müssen Sie vielleicht manchmal am Abend länger bleiben ...
	Frau Maier:	Ja, das macht nichts.
	Personalleiter:	Ja, gut. Wohnen Sie weit weg von unserer Firma?
B1	Frau Maier:	Ja, ich bewerbe mich auch hier. Ich bin technische Zeichnerin.
	Frau Müller:	Ich bin Sekretärin, d.h. ich war Sekretärin. Ich habe lange nicht gearbeitet. Ich fange jetzt wieder neu an.
	Frau Maier:	Arbeiten Sie gern?
	Frau Müller:	Ja, ich möchte nicht immer zu Hause sitzen.
	Frau Maier:	Richtig, ich auch nicht. Und ich brauche das Geld.
	Frau Müller:	Haben Sie auch Kinder? Ich habe zwei.
	Frau Maier:	Ich habe eins. Wir sind zu Hause nur zwei Personen. Meine Tochter Lea und ich. Sie ist jetzt 14.
	Frau Müller:	Was, schon so groß? Meine Kinder sind erst neun und zwölf.
	Frau Maier:	Zwei Töchter?
	Frau Müller:	Nur eine. Sonja ist zwölf. Mein Sohn heißt Erik.
	Frau Maier:	Viel Arbeit, oder?
	Frau Müller:	Ach nein, meine Mutter ist auch da. Wir sind eine große Familie.
	Frau Maier:	Schön. Ja, ich habe keine Eltern mehr. Ich habe nur meine Tochter.
	Frau Müller:	Ich habe auch noch einen Bruder. Er kommt oft am Wochenende vorbei. Die Kinder finden ihn sehr nett.
	Frau Maier:	Hat er keine Familie?
	Frau Müller:	Nein, mein Bruder ist nicht verheiratet.
	Frau Maier:	Ach so. Aber er hat trotzdem Kinder gern ...

Auf einem Seminar

B1	Herr Waldner:	Hallo Hellen, endlich bist du da! Hatte der Zug Verspätung?
	Frau Röder:	Ja! Eine Stunde und 30 Minuten!
	Herr Waldner:	Ich kenne die Seminarteilnehmer schon. Ich glaube, alle sind sehr nett. Nur ein Teilnehmer spricht sehr viel. Aber er spricht nicht gut Deutsch.
	Frau Röder:	Wen meinst du? Ist er hier?
	Herr Waldner:	Siehst du den Mann rechts? Er trinkt Wein.
	Frau Röder:	Der mit der blauen Jacke?
	Herr Waldner:	Ja, der. Er ist klein und ziemlich jung. Er heißt Prado. Er kommt aus Spanien.
	Frau Röder:	Und wer ist der große Mann rechts mit der Brille? Er trinkt Bier.
	Herr Waldner:	Das ist Herr de Boor. Er kommt aus Holland. Er spricht nicht viel.
	Frau Röder:	Wie viele Frauen sind dabei?
	Herr Waldner:	Zwei und du. Frau Postleitner sitzt da links und liest Zeitung.
	Frau Röder:	Die Große, Schlanke?
	Herr Waldner:	Ja, genau.
	Frau Röder:	Sie sieht nett aus. – Der Mann da hinten, ist das auch ein Teilnehmer?
	Herr Waldner:	Wer?
	Frau Röder:	Der mit dem schwarzen Anzug. Ich glaube, er trinkt Kaffee.
	Herr Waldner:	Den kenne ich nicht. Aber dort sitzt auch Herr Brinkmann. Er macht gerade Notizen.
	Frau Röder:	Woher kommt er?
	Herr Waldner:	Aus Dresden.
	Frau Röder:	Gibt es hier noch mehr Teilnehmer?
	Herr Waldner:	Nein – ach doch, vorne links, da steht Herr Weinberger und telefoniert mit dem Handy.
	Frau Röder:	Ziemlich groß, ja?
	Herr Waldner:	Ja genau, er ist sehr interessant, und sehr lustig.
	Frau Röder:	Ich gehe mal zu der Frau. Wie heißt sie?
	Herr Waldner:	Postleitner
	Frau Röder:	Und sage guten Abend.
	Herr Waldner:	Ach nein, jetzt bleib doch mal hier!

Eine Verabredung

C2 1 Polizist: Die Ampel ist rot!
    Radfahrer: Was, rot?
    Polizist: Leider bekommen Sie einen Strafzettel. Das kostet 30 Euro.
  2 Chef: Frau Gühring, hier sind noch 3 Briefe. Bitte schreiben Sie die noch. Geht das?
    Sekretärin: Ja, kein Problem. Ich schreibe sie noch schnell.
  3 Vater: So Lea, essen wir jetzt Kuchen?
    Tochter: Au ja, und dazu trinken wir Kakao? Mit Sahne?
  4 Mann: Guten Tag, Frau Dr. Abel!
    Frau Dr. Abel: Ach, guten Tag! Nehmen Sie doch Platz. Hier ist noch frei.
  5 Mann 1: Trinken wir noch ein Bier?
    Mann 2: Es ist erst halb zwölf! Trinken wir noch ein Großes!
  6 Kursteilnehmerin: Entschuldigung, ich habe eine Frage!
    Lehrer: Ja, bitte, Frau Solana?

Freizeit und Hobbys

A Personalleiter: Nun, als allein stehende Mutter haben Sie sicher nicht viel Freizeit. Aber wenn Sie mal Zeit haben, was machen Sie da?
    Frau Maier: Ach wissen Sie, meine Tochter ist ja jetzt groß. Sie verbringt ihre Freizeit mit ihren Freundinnen, geht in die Disko, da habe ich schon Zeit für mich. Ich gehe gern ins Kino, aber vor allem treibe ich auch Sport.
    Personalleiter: Ja, das ist wichtig, um fit zu bleiben.
    Frau Maier: Ich jogge oft und fahre auch gern Fahrrad, vor allem am Wochenende.
    Personalleiter: Ja, das ist sehr gut. Aber Sie wohnen in der Stadt. Wo joggen Sie da?
    Frau Maier: Dort ist ein großer Park. Ich jogge da sehr gern. Und jetzt zeichne ich auch wieder.
    Personalleiter: Ach ja?
    Frau Maier: Natürlich nicht am Bildschirm, sondern auf Papier. Ich zeichne gern Landschaften, Bäume, Häuser – mit dem Bleistift.
    Personalleiter: Interessant.

B1 Frau Maier: Wir sind ja vielleicht bald Kolleginnen: Warum sagen wir nicht „du"?
    Frau Müller: Ja, gern, warum nicht? Ich heiße Helga.
    Frau Maier: Und ich Astrid.
    Frau Müller: Jetzt warten wir aber schon lange! – Was machst du denn am Wochenende immer? Hast du ein Hobby?
    Frau Maier: Ich zeichne gern.
    Frau Müller: Du zeichnest? Das ist toll.
    Frau Maier: Ja, aber oft bin ich müde. Dann schlafe ich lange, lese Zeitung, sehe fern. Und natürlich kaufe ich ein, putze die Wohnung – du kennst das.
    Frau Müller: Ja, natürlich. Mein Mann joggt immer am Wochenende. Ich jogge manchmal auch, aber es macht mir nicht viel Spaß. Lieber wandere ich oder höre zu Hause Musik.
    Frau Maier: Musik höre ich selten. Aber meine Tochter hört den ganzen Tag Musik, furchtbar.
    Frau Müller: Und treibst du keinen Sport? Du bist so schlank!
    Frau Maier: Ich esse wenig. Ich jogge manchmal, aber nicht oft. Ich finde es ein bisschen langweilig.

An der Pforte

B1 Pförtner: Sie wünschen?
    Frau Gorcyzka: Ich habe einen Termin mit Herrn Dr. Breuer, Personalabteilung.
    Pförtner: Um wie viel Uhr bitte?
    Frau Gorcyzka: Um 15.45 Uhr.
    Pförtner: Moment, ich schaue mal. Ah ja, gut. Füllen Sie bitte diesen Besucherschein aus.
    Frau Gorcyzka: Gern. – Richtig so?
    Pförtner: Äh ... Was schreiben Sie hier ... Wie ist Ihr Familienname? Was steht hier?
    Frau Gorcyzka: Gorcyzka.
    Pförtner: Bitte buchstabieren Sie!
    Frau Gorcyzka: G – o – r – c – y – z ....
    Pförtner: Haben Sie einen Personalausweis dabei?
    Frau Gorcyzka: Ja, Moment. Hier bitte.

Pförtner:	So, das ist nicht einfach. Entschuldigung. Heute ist es sehr warm!
Frau Gorcyzka:	Ja, das stimmt. Das Wetter ist komisch. Wo ist die Personalabteilung?
Pförtner:	Hier ist ein Plan. Und hier ist Ihr Besucherausweis, Frau Dr. Gorcyzka. Herr Dr. Breuer unterschreibt ihn.
Frau Gorcyzka:	Danke!
Pförtner:	Gern geschehen.

KAPITEL 4
BEDARF, BESTELLUNG, KAUF
Wir brauchen einen Drucker

B1 1

Frau Walter:	Bürodiscount Hermes, Walter, guten Tag.
Herr Heilmann:	Guten Tag, Frau Walter. Hier spricht Heilmann, Firma Alsco. Frau Walter, ich habe im Moment kein Faxgerät im Büro. Mein altes Gerät ist kaputt. Wir brauchen dringend ein neues Faxgerät. Ich würde gern ein Gerät bestellen. Geht das bis morgen?
Frau Walter:	Aber klar, Herr Heilmann, welches Gerät hatten Sie denn bis jetzt? ...

2

Herr Graf:	Firma Krone GmbH, Einkauf, Graf. Was kann ich für Sie tun?
Frau Walter:	Tag, Herr Graf, hier ist Walter, Bürodiscount Hermes. Wir haben hier einen Posten sehr gutes Kopierpapier, besonders billig. Brauchen Sie Kopierpapier?
Herr Graf:	Nein, Frau Walter, das brauchen wir nicht. Wir haben noch Papier für viele Monate. Aber vielen Dank für Ihren Anruf.

3

Frau Schallück:	Firma Hartmann, Schallück, guten Tag.
Frau Walter:	Tag, Frau Schallück, hier ist Walter, Bürodiscount Hermes. Frau Schallück, Sie brauchen doch Besucherstühle. Das ist doch so oder nicht? Wir haben gerade ein super Angebot. Das wäre vielleicht etwas für Sie.
Frau Schallück:	Besucherstühle? Vielen Dank, Frau Walter. Aber jetzt brauche ich keine mehr.
Frau Walter:	Schade, vielleicht ein anderes Mal. Wiederhören.

Ich möchte einen Wagen mieten.

A2

Empfangsdame:	Sie wünschen, bitte?
Herr Waldner:	Guten Tag, mein Name ist Waldner. Ich möchte Herrn Kallmann sprechen.
Empfangsdame:	Kallmann ... warten Sie ... Kallmann, Michael oder Günter? Wir haben zwei Kallmanns in der Firma.
Herr Waldner:	Herrn Kallmann aus dem Marketing. Wir haben einen Termin um 11.30 Uhr.
Empfangsdame:	Ah, Marketing. Also Michael Kallmann. Ich melde Sie an. Würden Sie bitte schon mal den Besucherschein ausfüllen?
Herr Waldner:	Ja, gern.

Das Angebot

B1

Verkäufer:	Sie wünschen bitte?
Kunde:	Ich suche einen Schreibtisch. Diese beiden Schreibtische finde ich gut.
Verkäufer:	Der hier kostet 274 Euro 80, der andere kostet 370 Euro 40. Welchen möchten Sie?
Kunde:	Der zu 370 Euro 40 ist schön groß. Ich glaube, ich nehme den zu 370 Euro 40. Ja, den nehme ich. Ich nehme den großen.

C2

siebentausenddreihundertdreiundzwanzig •
eintausendzweihundertfünfundvierzig •
zwölftausendzweihundertvierundfünfzig • achtzigtausendsechshundert •
einhundertfünftausend • einhunderttausendfünfhundert •
einhundertfünfzigtausend • achthundertneunundneunzig •
zweiundfünfzigtausendzweihundertfünfzig •
vierundzwanzigtausendfünfhundertvierundachtzig •
zweihundertfünfzigtausendfünfhundertfünfundfünfzig •
zweitausenddreihundertvierzig • siebentausendzweihundertzweiunddreißig •
neunzehntausendzweihundertzwanzig •
vierundzwanzigtausendachthundertfünfundvierzig

Die Dienstreise

C1 Frau Massler: Sag mal, welchen Anzug möchtest du denn mitnehmen? Den blauen?

Herr Massler: Nein, ich nehme den hellen Sommeranzug. Da ist es jetzt warm, da brauche ich einen leichten Anzug für die Termine mit den Kunden.

Frau Massler: Aber am Abend! Da ist es doch immer ziemlich kühl.

Herr Massler: Ja schon, aber da brauche ich keinen Anzug. Dafür nehme ich den dunkelblauen Pullover mit. Pack auch für dich einen warmen Pullover ein!

Frau Massler: Aber brauchen wir nicht etwas Elegantes für den Abend? Wir wollten doch ins Theater gehen. Hast du das vergessen?

Herr Massler: Ach ja, richtig! Dann nehme ich für das Theater das dunkle Jackett und die graue Hose. Was meinst du?

Frau Massler: Ja, das geht.

Herr Massler: Hier, meine Sporthose und die Sportschuhe. Das Hotel hat einen Fitnessraum. Da will ich ein bisschen trainieren.

KAPITEL 5
IM BÜRO UND UNTERWEGS
Das Praktikantenbüro

C3 Armando Contini: Wir arbeiten hier zu viert. Aber nur in den Pausen sind wir alle da. Und nicht in jeder Pause. Corinna Mania und ich sitzen am Fenster. Du siehst, auf meinem Tisch ist viel Arbeit. Corinna hat immer ihren Laptop dabei. Siehst du, dort steht er. Wir sagen immer, sie hat die Laptomania. Der Computer dahinten auf dem Tisch hat einen Internet-Zugang. Das ist praktisch. Den Rechner siehst du nicht von hier. Und hier in der Mitte steht unser Arbeitstisch. Ah, da ist ja auch mein Terminkalender. Das ist dein Schreibtisch. Auf der anderen Seite sitzt Walter Green. Sein Schreibtisch ist immer leer. Er hat seine Unordnung im Kopf. Wir vier haben zusammen nur ein Regal. Die Aktenordner oben links brauche ich für meine Arbeit. Und die Bücher da rechts auch. In der Mitte stehen die Kaffeemaschine und die Tassen. Da unten links liegt das Papier für den Drucker. Die Kataloge rechts unten im Regal sind für dich. Die musst du dir ansehen.

Entschuldigung, wie komme ich von hier zum ...?

E1 A Mann: Entschuldigen Sie bitte. Ich möchte zum Hauptbahnhof.

Frau: Zum Hauptbahnhof. Zu Fuß?

Mann: Ja.

Frau: Gehen Sie die Kanalstraße hier fünfzig Meter geradeaus. Dann biegen Sie links in den Stadtpark ab. Gehen Sie immer geradeaus durch den Stadtpark bis zur Grabenstraße. Biegen Sie rechts in die Grabenstraße und dann immer geradeaus über die Siemensallee, über den Marktplatz zum Hauptbahnhof.

B Frau: Entschuldigen Sie bitte. Ich möchte zum Hauptbahnhof.

Mann: Zum Hauptbahnhof. Zu Fuß?

Frau: Nein, mit dem Auto.

Mann: Am besten fahren Sie hier die Kanalstraße geradeaus. Sie biegen an der ersten, zweiten, dritten, ja, an der dritten Straße links ab. Das ist die Siemensallee. Dann nehmen Sie die zweite Straße rechts. Da ist eine Ampel. Also an der Ampel biegen Sie rechts ab und dann immer geradeaus.

C Frau: Entschuldigen Sie bitte. Ich möchte zum Bahnhof.

Mann: Zum Bahnhof. Zu Fuß?

Frau: Nein, mit der Straßenbahn. Geht das?

Mann: Ja, steigen Sie hier in die Nummer 10. Sie steigen um ... Moment ... Kanalstraße, Rosenstraße, Blumenallee, Siemensallee ... Ja, das sind drei Stationen. Also an der dritten Haltestelle steigen Sie in die Linie 15 um. Die fährt direkt zum Hauptbahnhof.

Unterwegs zur Firma Rohla

A2 Sekretärin: Firma Rohla Heizungstechnik, guten Tag.

Herr Molnar:	Guten Tag. Mein Name ist Molnar. Ich habe um 8.15 Uhr einen Termin mit Frau Delio. Ich habe einen Anfahrtsplan, aber die Kanalstraße war heute Morgen gesperrt und auf der Siemensallee hat es einen Stau gegeben. Nach dem Hauptbahnhof bin ich links abgebogen. Dann bin ich zum Hotel Karat gekommen. Dann bin ich in Richtung Stadtmitte gefahren. Nach der Messe bin ich in die erste Straße rechts abgebogen und schließlich habe ich die zweite Straße rechts genommen. Ich glaube, ich bin in der Blumenstraße.
Sekretärin:	Die Blumenallee, nicht Blumenstraße. Aber das ist jetzt egal. Sehen Sie die Firma Elektro Reimer?
Herr Molnar:	Ja, die habe ich auf der rechten Seite gesehen.
Sekretärin:	Gut, Herr Molnar. Sie sind wirklich in der Blumenallee. Bitte drehen Sie um. Fahren Sie 50 Meter geradeaus, biegen Sie rechts ab und gleich noch einmal rechts in die Rosenstraße. Unsere Firma sehen Sie dann auf der linken Seite nach etwa 200 Meter. Bitte parken Sie auf dem Besucherparkplatz.

Vor der Messe

B

Frau:	Na, wie war's. Was haben Sie gemacht, Herr Pott?
Herr Pott:	Ich wollte zur Verkaufsausstellung in Halle 6. Und ich war in der Verkaufsausstellung.
Frau Holm:	Und ich wollte den Stand von Firma Beltz besuchen. Aber ich bin mit Damian zur Verkaufsausstellung gegangen.
Frau Caruso:	Ich wollte den Vortrag besuchen. Aber die Kinder wollten so gern in den Zoo. Da musste ich mit ihnen in den Zoo gehen, nicht wahr, Kirsten?
Kirsten und Rolf:	Ja, danke, Tante Anni. Siehst du, wir waren im Zoo.
Herr Boll:	Ich konnte den Vortrag nicht besuchen. Ich habe eine Kollegin von früher getroffen. Wir sind zusammen in die Cafeteria gegangen.
Herr Beierer:	Ich musste zur Recycling-Ausstellung. Ich hatte dort eine Präsentation.
Frau:	Und du, Rainer, warst du im Fundbüro.
Herr Gärtner:	Ja, und ich habe meine Schlüssel wieder. Frauke ist mitgegangen.
Frau Holm:	Ja, das stimmt. Dann sind wir zum Stand von Firma Beltz gegangen. Und du Theo?
Herr Hamm:	Ach, ich musste mit meiner Frau zur Verkaufsausstellung in Halle 6.

KAPITEL 6
NAMEN, ZAHLEN, DATEN, FAKTEN
Das Mercedes-Benz Kundencenter Bremen

C1 1

Frau Kreidler:	Guten Tag, ich habe ein Einzelzimmer bei Ihnen, für heute, Isolde Kreidler. Kreidler mit „d". (Pause)
Frau Kreidler:	Prima. Aber ich komme erst gegen 21.00 Uhr. Geht das? (Pause)
Frau Kreidler:	Nein, mit der Straßenbahn. Können Sie mir sagen ... (Pause)
Frau Kreidler:	Also gut, ... vom Messeplatz mit der Linie 34 in Richtung Stadtmitte, vierte Haltestelle, Augustusplatz, ... (Pause)
Frau Kreidler:	20 Uhr 55. Das habe ich notiert. Vielen Dank. Also dann bis heute Abend.
2 Mann:	Wo seid ihr denn? (Pause)
Mann:	Also gut, ihr fahrt vom Erdgeschoss in die siebte Etage, in die Möbelabteilung. Da ist auch das Restaurant. Wir sitzen hier oben im Restaurant. Aber bitte sofort. Wir haben nicht viel Zeit.
3 Frau:	Ich stehe im Stau. Ich brauche bestimmt noch eine halbe Stunde. Also eine halbe Stunde zu spät. Tut mir Leid. Wo sind Sie denn? (Pause)
Frau:	Also gut, vom Empfang mit dem Aufzug in die dritte Etage. Vom Aufzug eine Treppe zu Fuß hoch, dann links, den zweiten Flur rechts und noch einmal links. (Pause)
Frau:	Alles klar. Gruppenraum 603 A. Sind Sie da immer?

Chrono.data GmbH & Co. KG

B1	Herr Heimeran:	Wir sind bekannt als Hersteller von Zeitschaltuhren. Wir stellen auch elektronische Steuerungen für Elektromotoren, Drucker und Küchengeräte her, wie zum Beispiel für diese Kaffeemaschine. Ach, darf ich Ihnen einen Kaffee anbieten?
	Besucherin:	Ja, gern. Entschuldigung, darf man hier rauchen?
	Herr Heimeran:	Hier dürfen Sie leider nicht rauchen. Aber dahinten ist eine Raucherecke. Kommen Sie, wir setzen uns in die Raucherecke. Da können Sie rauchen. So, Sie sehen, wir haben ohne die Rückware drei Bereiche mit insgesamt elf Abteilungen. Zum Bereich Verwaltung gehören das Sekretariat mit der EDV, die Buchhaltung, das Personal, also die Personalverwaltung und Personalentwicklung, und der Einkauf. Die drei Abteilungen Messen und Ausstellungen, Werbung und Außendienst gehören zum Bereich Marketing und Vertrieb. Und dann haben wir noch die Produktion mit ... Na ja, das sehen Sie ja hier im Organigramm. Übrigens: In der Produktion muss man Spezialkleidung tragen. Und man darf nicht fotografieren.
	Besucherin:	Herr Heimeran, darf ich hier ein Foto machen?
	Herr Heimeran:	Ja, hier können Sie eins machen.
	Besucherin:	Und was ist die Rückware? Ist das ein Bereich oder eine Abteilung?
	Herr Heimeran:	Die Rückware, hm, also die Rückware, die ist beides und keins von beiden. Sie ist der Geschäftsleitung direkt unterstellt und arbeitet eng mit dem Vertrieb und dem Marketing und auch mit der Buchhaltung zusammen. Die Rückware, das sind alle Produkte, die zurückkommen, also falsche Lieferungen, Reklamationen, aber auch einfach Rückgabe. Zum Beispiel: Ein Kunde hat zehntausend Steuerungen gekauft, aber wir haben jetzt ein neues Modell. Dann möchte der Kunde die alten Steuerungen vielleicht umtauschen. Dann schreibt die Rückware einen Auftrag an den Verkauf. Umbauen oder reparieren, das macht die Montage. Oder der Kunde bekommt sein Geld zurück. Das macht die Verwaltung, also die Buchhaltung. Auf jeden Fall schreibt die Rückware einen Auftrag, hoffentlich den richtigen. Ja, und jetzt zeige ich Ihnen noch etwas Interessantes.

Die Arbeitsorganisation in der Rückware

B1	Leiter:	Grüß Gott alle zusammen. So, dann können wir mit unserer Planung für den 7. August anfangen. Wir haben fünf Paletten Rückware. Das ist für morgen zu viel. Aber Palette fünf können wir übermorgen machen, also am 8. August. Ich habe kalkuliert: Insgesamt sind das 24 einhalb Stunden. Hier ist die Übersicht.
	Frau Morina:	Aber Frau Gök ist krank. Sie fehlt die ganze Woche.
	Leiter:	Immer noch krank? Hhm. Gut, Frau Rendle, Sie sind im Minus. Machen Sie bitte R vier und packen Sie R zwei aus.
	Frau Rendle:	Ich glaube, das ist ein bisschen viel. Mischa, komm, wir teilen das Auspacken von R vier, du zwei Stunden und ich zwei Stunden. Jeder zwei Stunden, okay?
	Herr Kramnik:	Einverstanden. Ich bin ja auch im Minus. Ich kann R eins machen, das sind sechs Stunden. Die Hälfte von R vier auspacken, das sind zwei Stunden. Bitte, geben Sie mir noch das Aufträge Schreiben von R zwei. Dann habe ich zusammen achteinhalb Stunden.
	Frau Ünsal:	Ich kann morgen zu Hause bleiben. Ich bin ja im Plus. Und vielleicht übermorgen auch, oder gibt es übermorgen viel Arbeit?
	Leiter:	Nein, morgen und übermorgen, das geht. Das finde ich sogar gut, vielen Dank, Frau Ünsal. So, und jetzt zu Ihnen, Frau Morina. Frau Morina, machen Sie bitte R drei ganz und geben Sie R zwei in die EDV ein.
	Frau Morina:	Einverstanden, das sind dann drei und eins ist vier und drei ist sieben und 1,5 sind 8,5 Stunden. Achteinhalb Stunden, einverstanden.

Drucker und Regale

A2	Mann:	Schon wieder der Drucker!
	Frau:	Was? Schon wieder?
	Mann:	Ja, Papierstau.
	Frau:	Gestern hatte ich zweimal Papierstau. Mal geht der Drucker, mal geht er nicht. Das weiß man nie.
	Mann	Ja, aber er ist schön leicht. Man kann ihn mitnehmen.
	Frau:	Wir haben ihn schon drei oder vier Jahre. Und die Druckerpatronen sind viel zu

Mann:	teuer, teurer als ein neuer Drucker. Wir kaufen einen neuen, heute noch.
	Gut, aber er darf nicht so schwer sein und nicht so langsam wie der alte und die Patronen dürfen nicht so teuer sein.
Frau:	Jaja, und kosten darf er gar nichts. Richtig?

E   sehr groß • so schnell • zu schwer • zu hoch • zu langsam

Was für ein Typ bin ich?

E1   **1**   Mann:
       Frau Kelling:

... Schon drei Jahre! Und was gefällt Ihnen an der Firma Chrono.data?

Das Unternehmen hat sehr moderne Produkte, zum Beispiel die ZP 2. Da sind wir Marktführer. Die ZP 2 war dieses Jahr die Sensation auf der Electronica. Wir sind ein echtes Hightech-Unternehmen. Bei uns gibt es immer etwas Neues. Wir gehen auf fünf Messen, das gibt interessante Gespräche und Kontakte. Sehen Sie, das ist unser neuer Katalog, 68 Seiten, siebzehn neue Produkte. Nicht schlecht, was? Übrigens: Jedes Jahr machen wir dreißig Prozent mehr Umsatz. Im Moment stehen wir bei 9,3 Millionen Euro. Besuchen Sie doch mal unsere Homepage. Die ist ganz neu und super.

  2   Frau:
       Herr Heimeran:

... Schon drei Jahre! Und was gefällt Ihnen an der Firma Chrono.data?

Der sichere Arbeitsplatz. Ich habe einen sehr sicheren Arbeitsplatz. Ich verdiene gut. Wir haben auch eine sehr schöne Kantine. Jeder kennt jeden. Wir sind alle per du, vom Chef bis zum Montagearbeiter. Das Betriebsklima ist wirklich gut. Und mein Kollegen Beierle ist ein ganz netter Mensch. Wir sind ein gutes Team. Hier habe ich ein paar Fotos. Sehen Sie. Auf dem Gruppenbild fehlt nur Frau Hildebrandt. Alle anderen sind da, dreiundzwanzig Kolleginnen und Kollegen.

KAPITEL 7
AUF STELLENSUCHE
Welche Stelle passt?

A1   Frau Hörbiger:

Es ist wirklich schwierig für mich. Beide Stellen haben Vorteile und Nachteile. Firmenkundenberatung finde ich interessanter als Privatkundenberatung und Haftpflichtversicherung ist für mich auch attraktiver als Lebensversicherung.

Freundin:
Dann passt die Alpina doch am besten zu dir. Wo ist das Problem?

Frau Hörbiger:
Ich möchte nicht zu Hause arbeiten. Home Office – das ist nichts für mich. Ich arbeite lieber in einem Büro mit Kollegen zusammen.

Freundin:
Zu Hause bist du zeitlich flexibel. Und bei der Alpina bekommst du auch noch einen Firmenwagen, das ist doch super! Damit sparst du eine Menge Geld.

Frau Hörbiger:
Das stimmt schon. Ein Auto von der Firma ist gut. Aber wahrscheinlich ist meine Arbeitszeit bei Alpina viel länger als in Bremen. Bei der Allianz sitze ich im Büro und kann um fünf nach Hause gehen.

Freundin:
Aber die Arbeit bei Alpina ist selbstständiger, das war doch immer wichtig für dich. Und ich habe gedacht, du bist gern unterwegs? Willst du immer nur am Schreibtisch sitzen? Ich glaube wirklich, das Angebot der Alpina passt besser zu dir.

Frau Hörbiger:
Hm, vielleicht hast du Recht.

Freundin:
Aber halt: Die Züricher verlangen auch Englisch und Französisch. Kannst du denn Französisch?

Frau Hörbiger:
Ja, ganz gut sogar.

Freundin:
Und die Allianz verlangt Erfahrungen in Krankenversicherung. Hast du welche?

Frau Hörbiger:
Nein, kaum. Das ist ein Problem.

Freundin:
Na, siehst du.

Frau Hörbiger:
Mmh. Ja, wirklich. Die Stelle in Zürich ist interessanter als die in Bremen. Aber die Alpina ist viel kleiner als die Allianz. Hier steht: „mittelgroßes Unternehmen". Ich möchte nicht gern zu einem kleinen Unternehmen.

Freundin:
Alpina gehört zur Zürich Gruppe. Ich glaube, die sind genauso groß wie die Allianz. Schau mal im Internet nach.

Frau Hörbiger:
Na, ja, ich schicke mal an beide eine Bewerbung. Vielleicht bezahlen die Schweizer auch besser.

Das Home-Office von Frau Hörbiger

C

Sekretärin:	Alpina Versicherungen, Bölli, guten Tag!
Frau Hörbiger:	Hörbiger, guten Tag. Ich würde gern Herrn Widmer von der Personalabteilung sprechen.
Sekretärin:	Einen Moment bitte. Ich verbinde.
Herr Widmer:	Widmer, guten Tag.
Frau Hörbiger:	Guten Tag, Herr Widmer, hier ist Hörbiger. Wir wollten doch noch einmal über einige Punkte sprechen. Haben Sie jetzt vielleicht einen Moment Zeit?
Herr Widmer:	Ja, kein Problem. Ich freue mich, dass Sie anrufen.
Frau Hörbiger:	Zunächst mal wegen dem Auto: Ich muss manchmal viel transportieren, deshalb möchte ich gern den Mercedes Kombi nehmen.
Herr Widmer:	Ja, in Ordnung, Sie können ihn Ende der Woche abholen.
Frau Hörbiger:	Können sie mir da auch gleich das Notebook geben?
Herr Widmer:	Na, natürlich. Haben Sie Ihr Home-Office schon eingerichtet?
Frau Hörbiger:	Ich bin gerade dabei; das macht doch einige Arbeit!
Herr Widmer:	Also wie gesagt, wir helfen Ihnen gern!
Frau Hörbiger:	Im Moment fehlen mir noch ein großer Schreibtisch, ein Faxgerät und ein Tresor.
Herr Widmer:	Bestellen Sie da gute Sachen. Ich schicke Ihnen per E-Mail noch eine Liste mit Preisen. So viel dürfen Sie ausgeben. – Aber, Sie sagen: Tresor. Ich glaube, das brauchen Sie nicht.
Frau Hörbiger:	Manche Unterlagen möchte ich schon gern sicher wegschließen.
Herr Widmer:	Ich glaube, so wichtig sind Ihre Unterlagen nicht. Also, ein Tresor, das ist bei uns nicht üblich.
Frau Hörbiger:	Na gut, vielleicht kaufe ich privat einen.
Herr Widmer:	Wie sieht es mit Ihren Kommunikationsmitteln aus? Das ist natürlich besonders wichtig.
Frau Hörbiger:	Ja, wie Sie sehen oder hören, der ISDN-Anschluss funktioniert schon. Den DSL-Anschluss installiere ich heute noch. Dazu aber noch eine Frage: Übernehmen Sie die Kosten für die beiden Anschlüsse?
Herr Widmer:	Ja, natürlich. Und wir übernehmen auch 70% Ihrer laufenden Kommunikationskosten.
Frau Hörbiger:	Gut, das ist in Ordnung. Wie sieht es mit den übrigen Betriebskosten aus?
Herr Widmer:	Kein Problem, die bezahlen wir. Schicken Sie uns jeden Monat eine Liste.
Frau Hörbiger:	Kann ich dafür vielleicht einen Vorschuss bekommen?
Herr Widmer:	Also, Frau Hörbiger, ich glaube, das lohnt sich nicht. Das macht für Sie und uns die Abrechnung nur komplizierter. Meinen Sie nicht? Und Ihre Kosten sind nicht so hoch.
Frau Hörbiger:	Na gut, das ist auch nicht so wichtig. – Ach Herr Widmer, es klingelt. Das muss eine Lieferung sein, entschuldigen Sie!
Herr Widmer:	Wir sehen uns sowieso Ende der Woche! Auf Wiederhören, Frau Hörbiger!
Frau Hörbiger:	Auf Wiederhören!

Drei Versicherungen, drei Länder

B

1 Herr Kaegi: Ich habe erst letztes Jahr hier angefangen. Davor habe ich eine Ausbildung als Versicherungskaufmann gemacht und dann Mathematik studiert. Hier in Zürich bin ich zu Hause. Bei meiner Versicherung arbeite ich gern. Ich verdiene gut und die Kollegen sind nett. Die Basel AG ist eine der größten Versicherungen in der Schweiz und vor allem auf Kfz-Haftpflicht spezialisiert. Daneben haben wir natürlich auch normale Personenhaftpflicht usw. und Sachversicherungen. Wir haben 87 Geschäftsstellen und sind überall in der Nähe unserer Kunden. Deshalb haben wir auch viele Mitarbeiter: 3900. Wirtschaftlich geht es uns gut. Jedes Jahr haben wir mehr Verträge. Zurzeit haben wir 2 860 000 Verträge und wir nehmen über eine Milliarde Euro Beiträge pro Jahr ein. Ich glaube, ich arbeite noch lange hier.

2 Herr Pfaffinger: Ich arbeite schon seit 24 Jahren bei der Colonia. Die Colonia Versicherung ist die größte Versicherung in Österreich, jedenfalls im Bereich Krankenversicherung. Wir haben 360 000 Kunden und einen Umsatz von 240 Millionen Euro. In Wien sind wir knapp 100 Mitarbeiter, davon sind 25 im Außendienst. Aber mir macht die Arbeit nicht mehr so viel Spaß wie früher. Ich bin Mathematiker. Meine Arbeit hat sich in den letzten zehn Jahren total verändert. Der Computer macht inzwischen die meiste Arbeit. Früher arbeitete die Datenverarbeitung für mich. Jetzt denke ich oft: Ich arbeite für die Datenverarbeitung. Na ja, das kann man nicht ändern. Meiner jüngsten Tochter habe ich aber gesagt, sie soll keine Wirtschaftsmathematik studieren und nicht zu einer Versicherung gehen.

3   Herr Löhken: Ich wohne gern hier. Früher habe ich in Köln gewohnt, dort habe ich auch studiert. Aber mit Familie lebt man in einer kleineren Stadt besser. Deshalb bin ich gern zu der Geschäftsstelle hier in Bonn gegangen. Jetzt bin ich hier der Leiter und die Arbeit macht mir Spaß. Meine Versicherung ist noch nicht sehr alt, erst 1951 wurde sie in Köln gegründet. Insgesamt hat die Global 64 Geschäftsstellen und 1 500 Mitarbeiter. Wir arbeiten nur in den Bereichen Krankenversicherung und Lebensversicherung. Leider haben wir in diesen beiden Bereichen wie viele andere Versicherungen zurzeit einige Probleme. In den letzten beiden Jahren sind die Beitragseinnahmen nicht gestiegen. Unser Umsatz beträgt zurzeit 684 Millionen Euro und wir haben 1,25 Millionen Verträge.

Zwei Städte

E1   Herr Breitenhuber: Ich bin wirklich ganz zufrieden hier in Coburg. Gibt es bei euch in Zürich so eine gemütliche Bierkneipe? Und so gutes Bier?

Herr Kaegi: Na ja, vielleicht nicht. Wir trinken auch mehr Wein. Und unsere Bars und Restaurants sind moderner und schicker. In Zürich ist immer etwas los. Ich glaube, hier ist es einfach langweilig. Wie in Freiberg damals. Du bleibst sicher abends meistens zu Hause, oder?

Herr Breitenhuber: Ja, klar. Ich lebe gern ein bisschen ruhiger. Hier hat man auch mehr Zeit: Kindergarten, Ärzte, Läden – alles in der Nähe. Und für die Familie ist es ideal hier. Ich kann mir ein Haus mit Garten in der Stadt leisten. Das geht in der Großstadt nicht.

Herr Kaegi: Das stimmt schon. Die Mieten in Zürich sind sehr hoch. Aber ich brauche auch keine große Wohnung.

Herr Breitenhuber: Alle anderen Preise sind auch höher.

Herr Kaegi: Ja, aber ich verdiene da auch mehr als du. Und vielleicht gefällt mir meine Versicherung irgendwann nicht mehr. Dann finde ich leicht eine andere.

Herr Breitenhuber: Das ist wahr. Bis die Kinder groß sind, muss ich bleiben. Aber ich habe da auch noch viele Chancen. Wie kommst du eigentlich zur Arbeit?

Herr Kaegi: Ich fahre mit der Tram, 30 Minuten.

Herr Breitenhuber: Na ja, das geht. Ich fahre mit dem Auto nur 10 Minuten. Und fast alles andere kann ich zu Fuß machen.

Herr Kaegi: Das ist alles ein bisschen zu eng für mich. Jetzt kann ich zwischen verschiedenen Theatern wählen, kann jeden Tag in Konzerte gehen, es gibt tolle Kinos und und und. Im Sommer habe ich surfen gelernt. Was machst du denn so in der Freizeit?

Herr Breitenhuber: Wir gehen viel mit den Kindern raus. Andrea lernt jetzt reiten.

Herr Kaegi: Na ja, für Kinder ist es hier vielleicht schon besser. Vielleicht habe ich ja auch mal eine Familie. Zurzeit bin ich immer noch froh, dass ich wieder in einer größeren Stadt bin. Das gefällt mir doch viel besser.

Herr Breitenhuber: Ich habe gefunden, was ich wollte: Ich arbeite in einer großen Versicherung und lebe mit Familie in einer kleinen, gemütlichen Stadt. Prost!

Herr Kaegi: Prost!

KAPITEL 8
TAGESPLAN, WOCHENPLAN
Herr Sommer, Sie sollen ...

B1   Sekretärin: Herr Sommer, der Chef hat angerufen. Sie sollen ab sofort München übernehmen.

Herr Sommer: Was! Das macht doch Fessel! Ich habe doch schon genug zu tun!

Sekretärin: Ja schon, aber Herr Fessel geht doch jetzt in Urlaub. Und unsere Kontakte in München sind sehr wichtig. Da müssen wir jetzt am Ball bleiben, sagt der Chef.

Herr Sommer: Wann macht Fessel denn seinen Urlaub?

Sekretärin: Ab morgen schon.

Herr Sommer: Und wann kommt er wieder zurück?

Sekretärin: In zwei Wochen, glaube ich. Am besten rufen Sie ihn selbst an. Er kann es Ihnen genau sagen.

Herr Sommer: Ab morgen, zwei Wochen, also bis Ende Juli, Anfang August. Das ist ja nicht lange. Das geht ja noch. Das schaffe ich schon. Da ist ja nicht so viel zu tun.

Sekretärin: Na ja, sprechen Sie erst mal mit Herrn Fessel. Ich habe gehört, dass Sie ab übermorgen vier Tage nach München sollen.

Herr Sommer:	Wie? Ich muss doch heute noch nach Hamburg. Da habe ich bis Donnerstag zu tun. Das wissen Sie doch. Und der Chef weiß auch Bescheid.
Sekretärin:	Jaja, Sie sollen nach Hamburg und von Hamburg direkt weiter nach München.
Herr Sommer:	Na gut. Seit wann wissen Sie das eigentlich, Frau Wiese?
Sekretärin:	Der Chef hat mich heute Morgen informiert. Um neun, also vor drei Stunden.
Herr Sommer:	Sie wissen also seit drei Stunden Bescheid und ich höre das erst jetzt? Ich weiß immer als Letzter Bescheid!
Sekretärin:	Aber Sie haben ja seit halb neun mit Herrn Prantl gesprochen. Da konnte ich es Ihnen gar nicht früher sagen.

Reiseplanung

B1

Herr Sommer:	Tag, Herr Lechleitner. Hier spricht Sommer.
	(Pause)
Herr Sommer:	Gut, danke. Ich freue mich auf unser Treffen morgen bei Ihnen in München.
	(Pause)
Herr Sommer:	Das ist schön. Also, im Moment bin ich noch in Hamburg. Meine Gespräche hier dauern noch bis in den Abend. Eigentlich wollte ich heute noch nach München fliegen. Aber der letzte Flug geht schon kurz vor neun. Dann muss ich spätestens um halb acht zum Flughafen. Das schaffe ich nicht. Das ist zu früh.
	(Pause)
Herr Sommer:	Doch, doch. Keine Sorge, morgen früh bin ich in München. Es gibt einen Nachtzug von Hamburg nach München. Den nehme ich. Dann komme ich früh und ausgeschlafen bei Ihnen an.
	(Pause)
Herr Sommer:	Um sieben. Kurz nach sieben. Ich kann hier um zehn oder auch um halb elf abfahren. Dann kann ich gegen neun bei Ihnen sein. Ist das in Ordnung?
	(Pause)
Herr Sommer:	Schön, vielen Dank. Hoffentlich klappt das. Ich gehe dann schnell in mein Hotel und bin um 9.00 Uhr bei Ihnen.
	(Pause)
Herr Sommer:	Prima, Herr Lechleitner. Dann also bis morgen früh um neun.
	(Pause)
Herr Sommer:	Vielen Dank und auf Wiederhören.

Viel zu tun

B1

1	Mann:	Feuer! Das Haus brennt! Wir müssen die Feuerwehr anrufen!
	Frau:	Oh, mein Gott, ja, schnell!
2	Frau 1:	Übrigens, der Chef wird doch bald fünfzig. Wir sollten mal darüber reden, was wir ihm schenken können.
	Frau 2:	Oh ja, richtig. Aber nicht heute. Trotzdem – gut, dass Sie daran gedacht haben.
3	Mann:	Ist nicht ab heute die neue Praktikantin bei uns in der Abteilung?
	Frau:	Ach ja! In zehn Minuten ist sie da. Ich muss ihr doch die Personalpapiere und ihren Plan geben. Oh je, dabei hätte ich so viele wichtige Sachen zu erledigen.
4	Mann 1:	Das Angebot an die Allianz, das müssen wir heute fertig machen und abschicken! Morgen ist der letzte Termin.
	Mann 2:	Ja klar, das dürfen wir nicht vergessen. Aber das schaffen wir schon. Das ist doch eine Routinesache. Das mache ich heute Nachmittag.
5	Frau 1:	Du, sag mal, wir wollten doch heute Nachmittag zusammen einen Kaffee trinken. Passt es um drei oder halb vier?
	Frau 2:	Ach, können wir das vielleicht auf nächste Woche verschieben. Ich habe in diesen Tagen wirklich viel zu tun.
	Frau 1:	Ah, tut mir Leid. Aber das verstehe ich natürlich. Also dann, nächste Woche.

Ein verrückter Tag – nichts hat geklappt!

B1

Sekretärin:	Herr Matthäus, wo waren Sie denn den ganzen Vormittag? Der Chef sucht Sie.
Herr Matthäus:	Der Chef sucht mich? Aber ich musste doch zu Sedlmaiers, die Waschmaschine reparieren. Das weiß er doch!
Sekretärin:	Zu Sedlmaiers? Aber Frau Sedlmaier hat doch den Termin auf Morgen verschoben. Sie hat gestern angerufen.

Herr Matthäus:	Den Termin verschoben? Das wusste ich nicht. Das hat mir keiner gesagt. Jetzt weiß ich, warum da niemand zu Hause war.
Sekretärin:	Und dann? Wo waren sie dann?
Herr Matthäus:	Ich bin zu Elektrofix gefahren. Ich wollte die Ersatzteile abholen, weil ich gerade in der Nähe war.
Sekretärin:	Aber die haben wir doch schon. Haben Sie das nicht gewusst? Elektrofix hat die Teile schon gebracht.
Herr Matthäus:	Ja, jetzt weiß ich es. Das haben mir die Leute bei Elektrofix gesagt.
Sekretärin:	Haben Sie denn die Geräte bei der Krone GmbH installiert?
Herr Matthäus:	Nein, das konnte ich nicht. Ich musste ja erst hierher und die Sachen holen. Übrigens: Wo steckt denn der Chef jetzt?
Sekretärin:	Das kann ich Ihnen auch nicht sagen. Eben war er noch hier und wollte Sie sprechen.
Herr Matthäus:	Na, dann geht es nicht. Ich muss jetzt zur Firma Krone. Es ist ja schon halb zwölf.

KAPITEL 9
RUND UM DEN COMPUTER
Einweisung für Frau Carlson

A2	Sekretärin:	So, Frau Carlson, da sind wir. Willkommen bei uns im Vertrieb. Wir hoffen, dass Sie auch bei uns ein paar schöne Tage haben. Das hier ist Ihr Arbeitsplatz. Wir haben es Ihnen so angenehm wie möglich gemacht.
	Frau Carlson:	Vielen Dank. Sehr schön.
	Sekretärin:	Vor allen Dingen haben wir einen PC für Sie installiert. Sie drucken über unser Netz, aber das funktioniert noch nicht. Unser Netzadministrator weiß Bescheid. Er bringt das in Ordnung.
	Frau Carlson:	Gut. Das ist bestimmt kein Problem.
	Sekretärin:	Aber Sie können natürlich schon schreiben, die Tabellenkalkulation benutzen usw. Mit dem PC kennen Sie sich ja aus. Drücken Sie einfach den blauen Knopf hier am Rechner. Damit schalten Sie auch gleich den Bildschirm ein. Sehen Sie, jetzt habe ich den PC und den Bildschirm eingeschaltet.
	Frau Carlson:	Ja klar, der funktioniert ganz normal.
	Sekretärin:	So, der PC ist betriebsbereit. Aber zuerst müssen Sie noch Ihren Benutzernamen eingeben. Am besten machen Sie das selbst. Ihr Benutzername ist „Gast".
	Frau Carlson:	Also: G, a, s, t. Ist das so richtig?
	Sekretärin:	Richtig, gut gemacht. Haben Sie das mit der Maus bestätigt? Ja, gut.
	Frau Carlson:	Und mein Passwort?
	Sekretärin:	Ihr Passwort ... äh, hier steht Kennwort, also da machen Sie keine Eingabe – einfach die Eingabetaste drücken. So, fertig. Alles klar?

Was ist da passiert?

A2	Frau:	Hallo! Bitte, ach, können Sie mir vielleicht helfen? Sie sind doch von den Verkehrsbetrieben oder?
	Bahnbediensteter:	Ja, was gibt es denn? Was ist denn passiert?
	Frau:	Ich weiß auch nicht, was los ist. Ich wollte hier eine Fahrkarte kaufen, aber das geht nicht. Das Ding nimmt gar kein Geld an.
	Bahnbediensteter:	Schon wieder Probleme? Lassen Sie mal sehen. Ja richtig, da steht es ja auch: „Außer Betrieb". Die stellen sich automatisch ab, wenn irgendwas nicht in Ordnung ist. Ärgerlich, auch für uns. Hoffentlich nur eine kleine Störung.
	Frau:	Was mache ich denn jetzt?
	Bahnbediensteter:	Gehen Sie zum Süd-Ausgang, da steht noch einer. Der funktioniert bestimmt. Ich sage gleich unserem technischen Service Bescheid. Manchmal ist das nur eine kleine Störung. Manchmal ist das aber auch ein Defekt. Das ist dann ärgerlich. Also, wir haben da in letzter Zeit immer wieder, besonders mit den neueren Automaten ...
C1	Kunde:	Entschuldigung, ich habe vorige Woche diese Kaffeemaschine bei Ihnen gekauft. Aber wir haben Probleme damit. Sie ist irgendwo undicht. Es ist immer Wasser unter der Maschine. Können Sie sie umtauschen oder reparieren? Ich habe ja noch Garantie.

Verkäufer:	Darf ich mal den Kassenbeleg sehen? Haben Sie den dabei? Den brauche ich.
Kunde:	Ja, hier, bitte.
Verkäufer:	Ja, das ist in Ordnung. Mal sehen, was da los ist.
Kunde:	Also, so kann man da nichts sehen. Sie müssen Wasser einfüllen und das Gerät einschalten.
Verkäufer:	Dann schicken wir es eben zum Hersteller, der überprüft das. ... Aber Moment mal, die Schrauben hier unten sind ja locker und das Gehäuse ist etwas beschädigt. Haben Sie das Gerät selbst geöffnet?
Käufer:	Äh, ja ... nein ... eigentlich nicht. Ich habe nur mal, äh ...

Hilfe, der Computer spinnt!

B1

Mann 1:	Du, Heinz, kannst du mir mal helfen? Mein PC startet nicht. Ich kann das System nicht laden.
Mann 2:	Überprüf doch mal das Diskettenlaufwerk. Ich vermute, dass noch eine Diskette im Laufwerk steckt.
Mann 1:	Nein, nein, da habe ich schon nachgesehen. Das macht man ja immer als Erstes. Aber das ist es nicht. Der Bildschirm ist total schwarz, auch keine Fehler-Meldung.
Mann 2:	Das heißt vielleicht, dass das System abgestürzt ist. Versuch mal einen Neustart. Du musst den Reset-Knopf am Rechner drücken.
Mann 1:	Das habe ich auch schon versucht.
Mann 2:	Du, vielleicht ist es einfach der Monitor! Es könnte ja sein, dass der nicht richtig eingestellt ist.
Mann 1:	Moment, ich kontrolliere mal die Einstellungen ... Nee, alles in Ordnung.
Mann 2:	Ist diese Störung früher schon mal aufgetreten?
Mann 1:	Ja klar, das passiert halt manchmal. Aber dieses Mal ... ich weiß nicht.
Mann 2:	Hoffentlich ist die Festplatte nicht defekt.
Mann 1:	Das glaube ich nicht. Dann hätte ich ja ein Riesenproblem ...

KAPITEL 10
NEU IM BETRIEB
Willkommen bei uns!

B2 Bräuer • Glauber • Kauner • Däusert • Häuler • Leutner

C2

Frau Wössner:	Jetzt zeige ich Ihnen zuerst mal das Intranet. Sie öffnen einfach den Internet Explorer und tippen dann als Adresse „intranet" ein. Sehen Sie, dann bekommen Sie automatisch diesen Bildschirm mit dieser Maske. Hier müssen Sie als Erstes Benutzernamen und Passwort eingeben. Die Redaktion hat mir Ihr vorläufiges Passwort geschickt: 5s3o. Das können Sie dann ändern, in ein Passwort, das nur Sie kennen.
Herr Gül:	Und was ist mein Benutzername?
Frau Wössner:	Einfach der erste Buchstabe des Vornamens, Punkt und der Familienname.
Herr Gül:	Also I Punkt G, ü, l.
Frau Wössner:	Richtig.
Herr Gül:	Aber da kommt eine Fehlermeldung!
Frau Wössner:	Ach ja, wir dürfen den Umlaut nicht benutzen. Bei meinem Namen ist das genauso.
Herr Gül:	Ok, dann noch einmal: I Punkt G, u, e, l. Ah ja, jetzt sind wir drin.
Frau Wössner:	Die erste Seite hier nennen wir den „Ticker". Da finden Sie allgemeine firmeninterne Nachrichten.
Herr Gül:	Lesen Sie das alles?
Frau Wössner:	Nein, dazu reicht die Zeit nicht. Ich schaue nur, ob es was Interessantes gibt. Wichtiger ist links das Menü. Rechts sehen Sie, dass Sie angemeldet sind. Da können Sie auch Ihr Passwort ändern, wenn Sie auf „Passwort ändern" klicken.
Herr Gül:	Das kann ich ja dann nachher gleich machen.

C3

| Frau Wössner: | Am wichtigsten sind die Symbole oben. Das hier, das erste führt in die Infothek, das zweite, das Telefon, führt in das Telefon- und Raumverzeichnis, das dritte ist die Suche usw. Das können Sie dann einfach selbst ausprobieren. Jetzt gehen wir vielleicht mal in die Infothek, klicken Sie doch mal drauf. |
| Herr Gül: | Na, hier steht ja schon wieder eine Menge. Zwei Nachrichten sind neu. |

Frau Wössner:	Ja, richtig. Sie können diese Informationen übrigens auch anders sortieren, zum Beispiel nach dem Titel.
Herr Gül:	Wie mache ich das?
Frau Wössner:	Ja hier, da steht doch „Sortiert nach". Klicken Sie einfach rechts auf „Titel", dann fängt die Liste mit „A" an.
Herr Gül:	Ja, jetzt haben wir die „After Work Party" als Erstes. Was ist denn das?
Frau Wössner:	Das ist für Sie vielleicht ganz interessant. Da können Sie Leute kennen lernen. Lesen Sie es nachher mal! Aber sehen Sie zuerst, was es in der Infothek noch gibt: Inserate zum Beispiel.
Herr Gül:	Sind das Stellenanzeigen?
Frau Wössner:	Nein, die finden Sie weiter unten, bei „Personal". Das hier sind private Anzeigen. Mitarbeiter wollen was verkaufen oder suchen etwas usw.
Herr Gül:	Das ist ja ein guter Service!
Frau Wössner:	Stimmt, das sehe ich mir auch immer wieder an.
Herr Gül:	Und der „Veranstaltungskalender", was für Veranstaltungen sind das?
Frau Wössner:	Na ja, Messetermine usw.
Herr Gül:	Und weiter unten, ab „Personal", das sind wohl die verschiedenen Betriebsbereiche?
Frau Wössner:	Ja, teilweise. „Dienstleistung", das ist unser Bereich.

Kleine Feiern

A2 1
Frau:	Ich habe gehört, dass Sie Nachwuchs bekommen haben!
Mann:	Ja, ein kleines Mädchen.
Frau:	Herzlichen Glückwunsch!
Mann:	Oh, danke sehr!
Frau:	Das macht sicher viel Spaß, aber auch Arbeit …

2
Mann 1:	Hei Karl, schön dass ich dich endlich mal wieder sehe. Hatte Urlaub und war dann zwei Wochen mit dem Chef in Korea und Taiwan. Aber erst mal alles Gute zum Geburtstag! Ich bin jetzt echt …
Mann 2:	Nett, dass du daran denkst, Danke.
Mann 1:	Ja, ich bin jetzt viel unterwegs, ich finde das richtig spannend. Aber so sieht man sich nur noch selten, nur bei Geburtstagen, aber immerhin, besser als immer langweilig im Büro hängen …

3
Frau 1:	Das ist ja wirklich ein persönlicher Erfolg für Sie!
Frau 2:	Na ja, auf der alten Stelle habe ich mich eigentlich sehr wohl gefühlt. Aber manchmal muss man was Neues anfangen.
Frau 1:	Sie wissen, ich lasse Sie nicht gern gehen. Aber ich freue mich auch, dass eine Mitarbeiterin aus meinem Bereich Abteilungsleiterin wird. Ich wünsche Ihnen viel Erfolg!
Frau 2:	Vielen Dank!

4
Mann:	So, ich mache Schluss für heute.
Frau:	Ja, ich möchte auch gleich gehen.
Mann:	Ich wünsche Ihnen einen guten Rutsch!
Frau:	Ihnen auch ein gutes neues Jahr! Und dass es besser wird als das letzte!
Mann:	Wird schon werden! Tschüss!

C2　　　　　　　　　　　sinken • trinken • bedanken • Tank

Ach, das ist ja interessant …

A2 1
Mann 1:	Was, das haben Sie nicht gesehen! Das war wirklich ein tolles Spiel!
Mann 2:	Ich weiß nicht mal, wer gewonnen hat.
Mann 1:	Bayern München hat zuerst geführt, 2:0, aber dann hat Real Madrid wirklich fantastisch gespielt und schließlich 2:3 gewonnen.
Mann 2:	Das war sicher sehr spannend! Schade, dass ich arbeiten musste.

2
Mann:	… ja, und am Sonntag will ich dann mit meinen beiden Jungs einen Ausflug machen. Ich hoffe, dass das Wetter so bleibt.
Frau:	Das hoffe ich aber gar nicht! Ich hoffe, dass es morgen endlich regnet. Diese Hitze ist nicht mehr auszuhalten!
Mann:	Ja, im Büro ist es schon ein bisschen warm.
Frau:	Jedes Jahr wird der Sommer heißer. Das Wetter ist einfach nicht mehr normal.
Mann:	Ach was, das glaube ich nicht. Ich finde, dass es hier immer noch zu oft Regen gibt.
Frau:	Wir haben doch seit vier Wochen keinen Regen mehr gehabt.

3   Frau 1:   Dort hat es mir wirklich sehr gut gefallen. Wo waren Sie denn letztes Jahr?

    Frau 2:   Ich habe zum ersten Mal ohne Familie Urlaub gemacht, das hat mir echt gut getan. Ich war mit einer Freundin in Norwegen.

    Frau 1:   War es da nicht zu kalt?

    Frau 2:   Nein, das Wetter war gut. Dort scheint auch viel die Sonne, es ist immer windig, und ja, abends wird es immer wunderschön kühl. Sie müssten da auch mal hinfahren. Sehr erholsam.

4   Mann: Ach, das ist ja interessant. Also, meine Frau ist jetzt sehr gern zu Hause. Meine Tochter wird gerade ein Jahr.

    Frau: Na ja, warten Sie noch ein Jahr, dann wird es ihr bestimmt langweilig.

    Mann: Das glaube ich auch. Ungefähr in einem Jahr will sie auch wieder arbeiten.

    Frau: Ich bin schon froh, dass meine Kinder jetzt nicht mehr zu Hause sind. Jetzt kann ich wieder arbeiten gehen. Das macht mir viel Spaß.

D1 •   Abteilungsleiter: Herr Gül, ich wollte auch mal kurz reinschauen und Ihnen zum Geburtstag gratulieren. Alles Gute!

    Herr Gül: Vielen Dank!

    Abteilungsleiter: Und wie läuft es bei Ihnen?

    Herr Gül: Ich bin zufrieden, es gefällt mir wirklich gut bei Ihnen.

    Abteilungsleiter: Mit den Kollegen klappt es auch?

    Herr Gül: Ja, sehr gut. Sie sind alle sehr kollegial, ein super Team, sie ...

    Abteilungsleiter: Na prima. Ich möchte mich übrigens bald mal in Ruhe mit Ihnen unterhalten. Machen Sie doch bitte einen Termin bei meiner Sekretärin, diese Woche noch, ist das o.k.?

    Herr Gül: Ja, natürlich, gern, mache ich.

•   Frau 1:   Herr Gül, wir haben hier eine Kleinigkeit für Sie. Und ich soll im Namen aller Kollegen sagen, dass wir gern mit Ihnen zusammenarbeiten. Schon die ersten drei, nein zwei Wochen – Wie viele waren das?

    Mann: Zwei!

    Frau 1:   Ja, richtig, zwei Wochen. Also, diese zwei Wochen sind gut gelaufen. Sie passen gut in unser Team. Hier, das ist für Sie, von allen Kollegen.

    Herr Gül: Oh Danke! Vielen Dank. Das wäre wirklich nicht nötig gewesen!

    Frau 1:   Nichts zu danken. Und noch einmal alles Gute zum Geburtstag!

    Herr Gül: Danke schön. Bitte, greifen Sie doch zu! Kaffee und Tee stehen dort hinten.

•   Mann: Diese kleinen Stückchen schmecken wirklich toll. Und das hat Ihre Mutter gemacht?

    Herr Gül: Ja, ein türkisches Rezept.

    Mann: Leben Ihre Eltern hier in Deutschland?

    Herr Gül: Ja, die sind in den Siebzigerjahren hierher gekommen.

    Frau 2:   Und den Kuchen hier haben Sie selbst gebacken?

    Herr Gül: Ja, so was mache ich gern.

    Frau 2:   Prima! Kochen Sie auch so gut?

    Herr Gül: Nein, das macht meistens meine Frau. Die ist jetzt sowieso immer zu Hause, weil wir ein Baby haben, ein Mädchen.

    Mann: Ah, Sie haben schon Kinder!

    Frau 3:   Herr Gül, ich muss leider schon gehen. Vielen Dank für die Einladung.

    Herr Gül: Nichts zu danken. Nett, dass Sie gekommen sind.

    Frau 3:   Dann weiter alles Gute. Auf Wiedersehen.

    Herr Gül: Auf Wiedersehen.

Das Betriebsrestaurant

G1 •   Bedienung: Und was darf es bei Ihnen sein: Tagesgericht oder Vegetarisch?

    Herr Gül: Mmh, was war noch das Tagesgericht?

    Bedienung: Das Tagesgericht? Bratwurst mit Bratkartoffeln, hier, sehen Sie.

    Herr Gül: Richtig. Nein danke, dann nehme ich doch das bunte Gemüse mit Reis. Und dazu bitte noch einen Salat.

    Bedienung: Den bekommen Sie nicht hier. Dort drüben ist ein Salatbuffet.

    Herr Gül: Ach ja, stimmt.

    Bedienung: So, hier bitte.

    Herr Gül: Danke.

•   Herr Gül: Entschuldigung, ist hier noch frei?

    Mitarbeiter: Ja, bitte.

    Herr Gül: Guten Appetit!

    Mitarbeiter: Danke, gleichfalls.

Herr Gül:		Ihr Steak sieht auch gut aus. Schmeckt es?
Mitarbeiter:		Ja, prima. Normalerweise esse ich mittags nicht so viel. Aber heute hatte ich großen Hunger. Und Sie sind Vegetarier?
Herr Gül:		Ach nee, aber Schweinefleisch esse ich nicht so gern.
Herr Gül:	•	Essen Sie regelmäßig hier?
Mitarbeiter:		Na ja, wenn ich im Haus bin, eigentlich schon.
Herr Gül:		Ich finde das Essen hier bisher ganz gut. Ich bin aber auch erst zwei Wochen in der Firma.
Mitarbeiter:		Ich bin hier schon viele Jahre. Ich muss sagen, für ein Betriebsrestaurant ist es nicht schlecht. Und wie gefällt es Ihnen bei uns?
Herr Gül:		Gut! Ich habe sehr nette Kollegen ...

Die Verabschiedung

B2 Abteilungsleiter: Ja, liebe Kolleginnen und Kollegen! Liebe Frau Wössner! Wissen Sie noch, wie wir vor ungefähr vier Jahren auch hier gestanden haben? Ich war neu, ich habe als neuer Abteilungsleiter hier angefangen und Sie haben mich im Namen der Kollegen begrüßt. Und vor allem haben dann Sie mir in der ersten Zeit sehr viel geholfen. Vor allem Sie haben dafür gesorgt, dass ich hier schnell Bescheid wusste und bald in der Abteilung zu Hause war. Vielleicht habe ich nie deutlich gesagt, dass ich Ihnen dafür sehr dankbar bin. Das möchte ich jetzt und hier noch einmal ganz deutlich sagen.
Doch wir müssen Ihnen, Frau Wössner, noch viel mehr danken: 23 Jahre haben Sie für die Körner AG gearbeitet und dazu beigetragen, dass es mit unserem Unternehmen aufwärts gegangen ist. In unserer Abteilung haben Sie für Kontinuität und Stabilität gesorgt. Für viele Kollegen aus anderen Abteilungen waren Sie eine wichtige Informations- und Beratungsstelle. Das weiß auch die Geschäftsleitung. Deshalb hat sie mich ausdrücklich gebeten, Ihnen auch in ihrem Namen unseren Dank auszusprechen. Wir alle bedauern, dass Sie uns verlassen.
Ich hoffe, dass Sie zufrieden auf Ihr Berufsleben und auf die 23 Jahre bei Körner zurückblicken. Aber ich denke auch, dass Sie dieses Kapitel jetzt gern beenden. Sie haben mir kürzlich von Ihren Hobbys, von Ihrer Tätigkeit im Sportverein und von Ihrer großen Familie erzählt. Ich glaube, dass es Ihnen nicht langweilig wird. So wünsche ich Ihnen von Herzen alles Gute für die Zukunft, für Ihren wohl verdienten Ruhestand, der viel wahrscheinlicher ein „Unruhestand" ist. Ich wünsche Ihnen vor allem Gesundheit und eine schöne Zeit in Familie und Verein. Heben wir das Glas und trinken wir auf die Zukunft von Frau Wössner!

Frau Wössner: Vielen Dank für Ihre freundlichen Worte. Und vielen herzlichen Dank an Sie alle, dass Sie heute gekommen sind. Der Abschied von unserer Firma und von Ihnen, liebe Kollegen, fällt mir nicht leicht. Aber ich fange auch gern wieder etwas Neues an. Sie kennen mich ja: ich habe immer Ziele und verfolge diese Ziele konsequent. Ich habe auch jetzt welche; vielleicht verrate ich Ihnen später, welche.
Doch bevor wir hier traurig werden, verfolgen wir unser nächstes Ziel: Das kleine Buffet, das dort drüben aufgebaut ist. Ich wünsche Ihnen guten Appetit!

D1   Reise • viel • Knoten • hart • knallen • richten
Reise – leise • viel – vier • Klothen – Knoten • halt – hart • knallen – knarren • lichten – richten

D2   Berufsleben • Möbel • viel • über • leise • erhalten • Altersversorgung • Ablagekorb